U0602095

[日] 若松义人 著
朱悦玮 译

丰田
超级执行术

トヨタの必ず結果を出す仕事術

北京时代华文书局

图书在版编目（CIP）数据

丰田超级执行术 /（日）若松义人著；朱悦玮译．— 北京：北京时代华文书局，2019.5（2022.3 重印）
ISBN 978-7-5699-0802-2

Ⅰ．①丰… Ⅱ．①若… ②朱… Ⅲ．①丰田汽车公司－工业企业管理－经验
Ⅳ．①F431.364

中国版本图书馆 CIP 数据核字（2019）第 032904 号

丰田超级执行术

FENGTIAN CHAOJI ZHIXINGSHU

著　　者 | （日）若松义人
译　　者 | 朱悦玮

出 版 人 | 陈　涛
责任编辑 | 周　磊
装帧设计 | 程　慧　赵芝英
责任印制 | 訾　敬

出版发行 | 北京时代华文书局 http://www.bjsdsj.com.cn
北京市东城区安定门外大街 138 号皇城国际大厦 A 座 8 楼
邮编：100011　电话：010－64267955　64267677
印　　刷 | 河北京平诚乾印刷有限公司　010－60247905
（如发现印装质量问题，请与印刷厂联系调换）
开　　本 | 880mm×1230mm　1/32　印　　张 | 6　字　　数 | 121 千字
版　　次 | 2019 年 6 月第 1 版　印　　次 | 2022 年 3 月第 2 次印刷
书　　号 | ISBN 978-7-5699-0802-2
定　　价 | 42.00 元

图解 如何让人行动起来！

前言

等被迫行动的时候就来不及了，让变化成为日常才能够取得成果

丰田为什么能够生产出普锐斯和MIRAI

丰田真正了不起的地方，并不在于汽车生产数量世界第一，纯利润2万亿日元之类卓越的业绩，而在于拥有能够不断地取得成果的强大执行力。

丰田一直身处严峻的环境之中。先是1950年濒临破产，然后是从2008年开始的几年间，又遭遇了“雷曼事件”引发的全球性金融危机、丰田汽车的大规模召回、东日本大地震等严重的危机。即便如此，丰田仍然坚持进行严格的改善，在没有放弃任何员工和事业的前提下不断地取得成果。

几年前，《日经商业》杂志曾经将丰田和GE（通用电气）进行比较，推出了《百年创新企业》的特辑。GE是发明家爱迪生创立的世界最大的综合性企业。能够与之相提并论虽然是极大的光荣，但这两家公司实际上存在着很大的不同。

GE的创新，是铁腕管理者杰克·韦尔奇通过裁掉大量的员工，抛弃了大量亏损的事业之后才实现的。而且GE并没有自己开创新事业，而是大量收购具有发展潜力的事业从而实现了华丽的重生。

与之相比，丰田的做法就笨拙得多。不管身处怎样的困境，丰田没有抛弃任何员工和事业。在很多企业都将生产工厂转移到亚洲其他地方的时候，丰田仍然坚守在日本国内生产的信条，而且向其他行业的扩张也屈指可数。丰田主要精力都集中在不断提高汽车技术方面。

尽管“要想不断发展进步就必须不断变化”的信条相同，但GE采用的是抛弃的做法，丰田采用的则是培养的做法。

丰田推出了混合动力汽车普锐斯、燃料电池汽车MIRAI等创新车型，走在了全世界汽车行业的前列。丰田之所以能够做到这一点，正是因为丰田生产方式。就连韦尔奇都对丰田生产方式赞不绝口，并且将其以“精益六西格玛”的形式导入GE之中。

在困境中磨炼自身的丰田生产方式

丰田生产方式的特征就是“让变化成为常态”。自己发现问题，自己思考问题，自己解决问题。不是被迫改变，而是“每天改善，每天实践”，将改善作为日常中的一环。越是顺利的时候，越应该敢于改变。正因为这样，丰田才能够战胜危机、勇于创新、走在时代的前列。

但是这件事说起来容易做起来难。成功的果实固然甜美，却只有严格要求自己能够实现变革的人和企业才能够尝到。就像体育界，常胜军团迅速衰弱、天才选手昙花一现的例子可谓是数不胜数。

想要连续不断地取得成果，实在是非常困难。唯一的方法就是让变化成为常态。

说起丰田生产方式，大概很多人首先想到的就是生产现场，但实际上，丰田生产方式在开发、销售，以及其他各个相关部门的现场都得到了实践。本书就是以丰田生产方式在开发、销售以及其他相关部门的实践情况为基础构成的。

本书之中介绍的人物，尽管都取得了优秀的业绩，但他们绝对不是超人。他们都是通过日常工作积累了经验，了解了团队智慧的重要性，一步一步成长起来的普通人。

与短期内取得成果相比，长期连续取得成果更加重要。我们要成为能够持续发光发热的恒星，而不是转瞬即逝的流星。人类的成长潜能是无限的，人类的智慧就是成长的动力。

如今我们都身处于一个严峻的时代，但正是这样的时代才能够促使我们成长。敢于迎接挑战，坚信现在就是最好的时代，相信自己的智慧，相信自己一定能够持续不断地取得成果。

若松义人

目录

第一章　马上就能取得成果的“动员方法”

第二章　取得理想成果的“顾客视角”

第三章　取得优异成果的“竞争力开发法”

第一章

马上就能取得成果的“动员方法”

01

不要认为员工“能行动”，而要想办法让员工“主动行动”

将他人制订的规则变成自己制订的规则

在工作中，如果员工是“被动行动”，那么很难取得优异的成果，更无法持续取得成果。

要想持续取得优异成果，就必须让员工“主动行动”。

丰田生产方式就是如此。即便是最初“决定好”的事情，很快也会变成“自己决定”的事情。

比如在生产现场，生产时间和顺序等操作流程都是有“标准”的，一般情况下员工都会按照这个标准来进行工作。

如果将“标准流程”看作规则，那么肯定会有人对这种规则提出异议。

但是，在采用丰田生产方式时，却没有人不遵守标准流程。为什么呢？因为采用丰田生产方式的员工在遵守标准流程的基础上，会对自己认为不合理的地方或者自己有更好做法的地方加以修改。丰田对这种做法非常鼓励。

也就是说，“标准流程”并不是“别人决定的”，而是由现场员工“自己决定的”，所以遵守规则进行工作是理所当然的。而因为大家都按照“标准流程”工作，所以工作顺利，不容易出现问题，自然能够取得成果。

工作本来就是需要员工自己理解，自己承担责任完成的事情。被迫行动的不是好员工，主动行动才显得专业。

不命令“去做”而是问“怎么办”

不只生产现场，开发和销售现场也一样。

丰田某销售店铺的店长A，保持着自从开店以来一直完成销售目标的纪录。在设有好几家丰田销售店铺、竞争十分激烈的地区，他带领9名营业员连续达成目标。

A的领导方法很有特点，那就是从不命令员工“去做”。

有一次，销售周期已经过半，但销售数量却不足销售目标的一半。因为这个月主力车型由于局部改造而没有出货，新车型还没有上市。如果是对达成目标非常执着的店长，一定会对员工怒吼“快想点办法”吧。

但是A却没有。他只是问员工应该如何向总部汇报。

“是说一定能行，还是说一定不行？大家觉得怎么汇报比较好？”

这是通过共享危机意识来确认员工是否具有主动性。

员工们的回答是“大家一起来想办法”。如果只是单方面地命令“去做”可能会令员工产生抵触情绪，但如果员工主动工作，那就会很努力。结果当期的销售任务又顺利达成。

取得成果的工作术！

如果问自己“为什么工作”，回答会不会是“因为上司让我工作”呢？这是“不情愿地做，自己不负责任”的逃避态度。工作时，主动性是必不可少的。主动工作才能产生智慧，取得成果的能力也会变得更强。

因为是自己做的决定，所以更有责任感

生产现场

（一般的情况）　　（丰田生产方式的情况）

因为是自己“决定”的事情，所以更能够坚持贯彻

销售现场

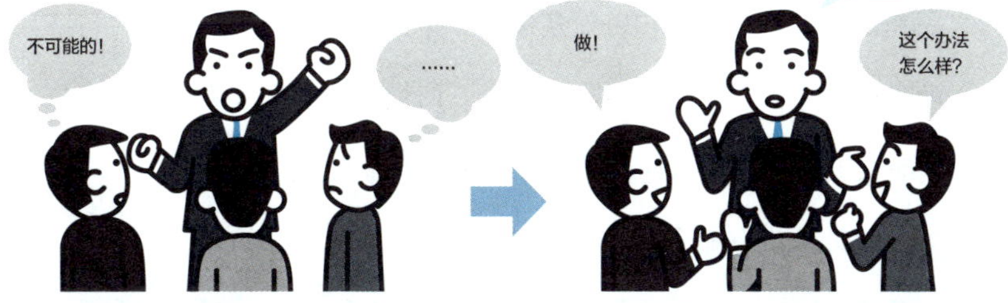

直接命令容易引发逆反心理，让员工自己做决定更容易激发员工们的工作积极性

丰田的独到之处

自己“主动”采取的行为更能够坚持贯彻

02

花时间进行说服，只有接受才能主动行动

坚持不懈才能说服对方

要想让别人“主动行动”，还有一点必不可少，那就是说服。说服部下、说服上司，有时候甚至要说服更多的人，才能够取得成果。

而说服力的源泉之一就是坚持不懈。

丰田的总设计师，承担着对从设计、生产到销售的整个过程进行监督的重要职务，因此拥有不小的权限。但担任第五代卡罗拉总设计师的扬妻文夫先生却经常这样教育后辈总设计师们说：

“总设计师没有命令权，没有权限，只有说服力。如果你认为自己是正确的，那就去说服对方。”

扬妻先生在对卡罗拉的整体车型进行设计时，提出要将之前的FR（后轮驱动）改变为FF（前轮驱动）。因为当时丰田的竞争对手大众所设计的“高尔夫”等许多平民车型都采用了FF的驱动方式。扬妻先

生认为，如果丰田不随之改变就会错过全球化的发展趋势。

但是，要想对驱动方式进行改变，需要进行1 400亿日元的设备投资，上司也以“销售公司的总经理们都不希望FF化”为理由进行反对，甚至说出了“你要是再固执己见，就撤掉你总设计师的职位”这样的话。

但扬妻先生认为，即便遭到上司的反对，但该做的事情也必须做，于是他直接找到时任副总经理的丰田章一郎先生，用了三个小时的时间与对方进行谈判。最终丰田章一郎先生同意了他的计划，但提出了一个要求：“你去说服花井先生吧”。

花井先生就是后来担任董事长的花井正八先生，他有个外号叫“金库管理员”。**丰田章一郎先生没有亲自出面，而是让扬妻先生去说服花井先生，就是为了让他们两人之间能够建立起信赖的关系。**

扬妻先生通过坚持不懈地努力终于也说服了花井先生，使卡罗拉实现了FF化。

权限不可能每次都奏效

为丰田生产方式打下坚实基础的是曾担任副总经理的大野耐一先生。

有一位合作公司的员工向大野先生抱怨说，因为自己人微言轻，所以改善活动进行得非常不顺利。于是大野先生带他去丰田的工厂里面参观了一圈，然后问他有什么感想。这名员工诚实地答道：“有一些地方并不符合丰田生产方式的基本要求”。大野先生让这名员工意识到，即便在丰田生产方式的大本营里面，也不可能做到完全符合丰田生产方式的标准。大野先生又这样说道：

“就连我也有同样的烦恼。工作不是靠权力和权限来推动的。不管你的职务权限有多大，也不可能在工作上事事顺利。必须努力说服现场的员工，让他们真正理解才行。”

不管你的观点多么正确，想法多么创新，但仅凭这些是无法让别人行动起来的。要想让别人行动起来，只能靠说服力。

取得成果的工作术！

在无法说服别人的时候，请思考一下自己究竟欠缺的是什么。热情、对正确的坚信、大局观、准确的数据，如果没有这些的话就难以说服对方。凭借权力和权限或许能够一时取得成果，但是无法持续下去。

没有命令权，只有说服力

卡罗拉FF化时丰田章一郎先生的应对

让扬妻先生去说服花井先生，建立起两人的信赖关系

大野先生对改善活动进行不顺利的员工提出的建议

丰田的独到之处

权限无法让人行动起来，只有说服别人才能取得成果

03

不要一开始就要求太高，从“试着做一下看看”开始

只是尝试一下的话，不容易遭到反对

如果想要取得丰硕的成果，那么对现场的要求难免会变得严格起来。

雷克萨斯的第一位总设计师铃木一郎先生的目标并不是制造出一辆比竞争对手奔驰稍微好一点的车，而是要制造出一辆性能远超奔驰、设计上还更加人性化的汽车。

要想同时实现这两点，那就必须开发出一台强大的发动机。于是铃木先生对技术人员提出了相当严格的要求。

大家的反应当然十分激烈。因为丰田现在生产的发动机已经具备极高的品质，在此基础上又怎么能继续提高呢？而且对于无法保证销量的雷克萨斯这款新车有必要做到那种程度吗？所以大家都认为铃木一郎的要求太胡来，根本不可能实现。

面对这种情况，铃木先生应该怎么办呢？他是这样说的：

“那这样吧，大家尝试着做一台符合我要求的发动机怎么样？如果连一台试验品都做不出来的话，那就放弃。”

既然只是一台试验品，那大家就没办法说做不到了。于是领导层召集了最优秀的技术人员制作出了一台发动机的试验品。

当大家将这台发动机安装到现有的汽车上试运转之后，发现果然如铃木先生所说，不但油耗低而且噪声小。这下大家都切实地感觉到“这样的话真的能够生产出理想中的汽车”。

接下来，大家的目标自然而然地就变成了“如何将这台发动机量产”。

实物最有说服力

某企业的经营者打算将自己公司的生产方式从传统的大量生产，转变为丰田生产方式的多品种少量生产。但是，现场的员工对他的想法并不接受，改革迟迟不见成果。

于是这位经营者首先将自己理想中的生产线用图片的形式展现出来。一些人在看了图片之后对这种新的生产线产生了兴趣。随后，这位经营者带领这些对新生产线感兴趣的人制作了一个模型。当模型制造出来以后，有很多人都感觉“这个不错”。于是经营者趁热打铁问他们“如何改善才好”，顺利地从现场的员工那里获得了许多有价值的建议。最终，改革取得了巨大的成功。

在提出严格要求的时候，如果只是询问对方能不能做到，肯定难以获得具有建设性的回答，反而是那些企图维持现状的消极建议更容易获得大家的支持。为了防止出现这种情况，最好的办法就是重视现场、重视实物。大家一起去现场看着实物进行讨论才是最好的办法，这样做可以使大家更积极地面向未来进行思考。

如果有好的想法就做一个样品出来。这样的话，有什么好处和问题全都一目了然。再也没有什么比实物更有说服力了。

取得成果的工作术！

“如果有好的想法就做一个样品出来”，这就是丰田生产方式。要想说服别人，最好的办法就是带他去现场，给他看实物，用现实说话。如果对方是一名优秀的人才，只要看到实物，就会立刻理解什么是正确的。而且，这样做也更便于让其他人都加入进来一起工作。

如果有好的想法就做一个样品出来

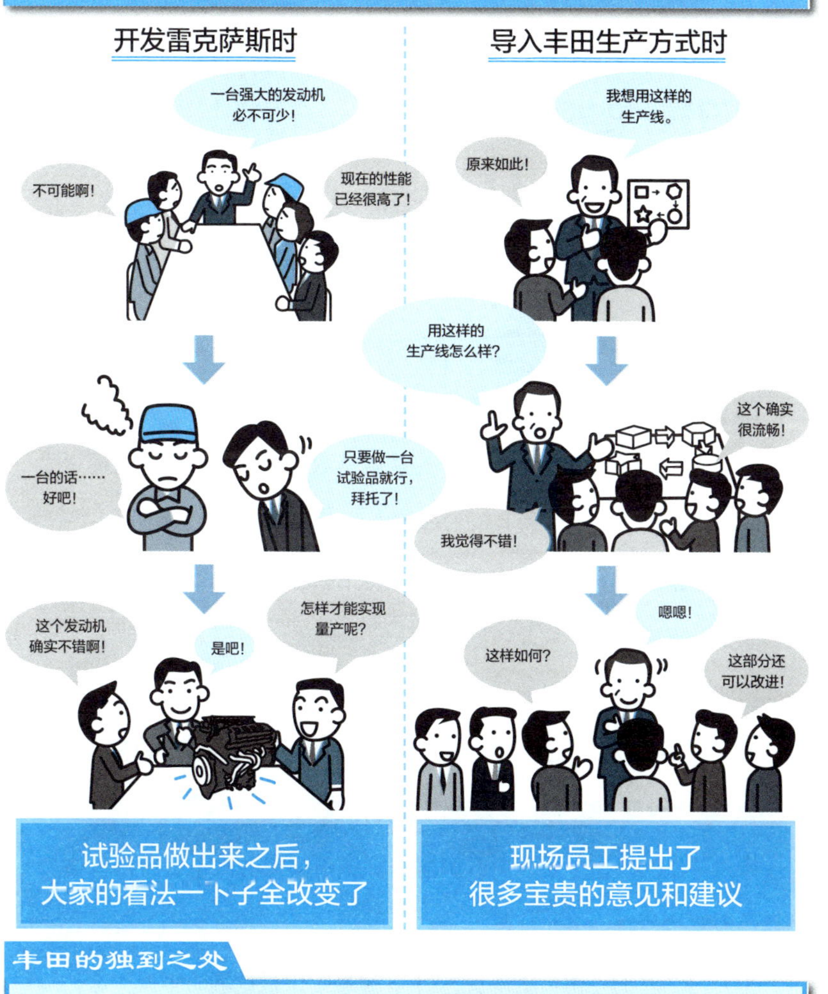

开发雷克萨斯时
一台强大的发动机必不可少！
不可能啊！
现在的性能已经很高了！
一台的话……好吧！
只要做一台试验品就行，拜托了！
这个发动机确实不错啊！
是吧！
怎样才能实现量产呢？
导入丰田生产方式时
我想用这样的生产线。
原来如此！
用这样的生产线怎么样？
这个确实很流畅！
我觉得不错！
嗯嗯！
这样如何？
这部分还可以改进！

试验品做出来之后，大家的看法一下子全改变了

现场员工提出了很多宝贵的意见和建议

丰田的独到之处

“试着做一下看看”是解决难题的突破口

04

故意设置一些困难，困难可以使人产生智慧

故意暴露一些问题，大家自然就会提出意见

要想让人行动起来，还有一个办法就是激发他们的智慧。发挥智慧可以增强人的自信心，使其成为能够主动行动的人。

那么，应该怎样激发人的智慧呢？答案就是故意设置一些困难。因为遇到困难的时候，只能依靠智慧来解决问题。

卡罗拉第九代总设计师、协助了铃木一郎先生进行雷克萨斯开发的吉田健先生，在以泰国为中心开发面向亚洲的战略车型“SOLUNA”时就尝试了许多设置困难的有趣方法。

因为SOLUNA是主要面向泰国这个发展中国家的汽车，所以价格必须比卡罗拉便宜许多才行。

但是对当时的丰田员工来说，“卡罗拉是丰田最低端的车型”这一观念可谓是根深蒂固。而生产一辆比卡罗拉更低端的车，简直是他们

想都没想过的事情。所以不管吉田先生怎么问“从卡罗拉上还能削减哪些配置”，得到的回答都是“没有了”。

于是吉田先生只能采取一些非常手段：

“我故意做了一辆破破烂烂、特别廉价的汽车。”

当大家看到这辆车之后的第一反应就是“这地方不行”，随后就集思广益地提出“至少也应该做成这样”之类的意见。

吉田先生的非常手段取得了成效，SOLUNA的开发就这样走上了正轨。

所有人都有智慧，只是很多人都难以将其发挥出来

大野耐一先生曾经说过“人如果不遇到困境就难以发挥出智慧”，所以他经常故意出难题，让部下通过困境发挥智慧。

不过，困境也不只是指难题，有时候太简单也是一种困境。

大野先生年轻的时候曾经因为过于追求理想化而制订了一套脱离现实的作业标准，结果实际上谁也没有按照他的标准工作。他根据这段经历，故意制订了一套十分简单且漏洞百出的作业标准。这样的作业标准对现场的员工来说显然是一种困境，于是员工们就只能凭借自己的智慧来对作业标准进行修改，“如果这地方改善一下会更好”。

有时候出难题，有时候故意制订简单且漏洞百出的作业标准，这就是大野先生的做法。

当因为别人都不愿行动而难以取得成果的时候，谁都难免会产生“为什么我身边都是一群白痴”的愤怒情绪，甚至干脆放弃，但这样做是大错特错的。人之所以没有发挥出智慧，是因为缺乏一个激发智慧的体制。所以很多人难以将自己的智慧发挥出来。

关键在于创建一个能够激发人智慧的体制。

取得成果的工作术！

支撑丰田生产方式改善的基础的就是人的智慧。上司和领导最主要的职责，就是激发部下的智慧，然后引领他们进行改善。哪怕是很小的改善，只要积累起来也会取得超出想象的成果。

“困境”是催生智慧的关键

开发SOLUNA时

看到廉价汽车后，大家开始提出具体的意见

简单且漏洞百出的作业标准

发挥智慧

有时候太简单也是一种困境

丰田的独到之处

关键在于创建一个能够激发人智慧的体制

05

与对方深入交流，关系太浅就无法取得深入的工作成果

能够取得成果的人都很擅长与人交流

如今很少有人在公司内部建立深入的人际关系。大家都不愿意参加员工旅行以及有上司出席的聚会，你要是对他说“要想做好工作，离不开师徒一样的关系”这样的话，甚至可能会遭到反驳。

然而，**要想取得成果就必须与人进行深入的交流，仅凭同事关系这样的泛泛之交是绝对不行的。**

第一代卡罗拉的总设计师长谷川龙雄先生，就建议第三代卡罗拉的总设计师佐佐木紫郎先生首先从第二代卡罗拉的总设计师做起，他是这样说的：“像个总设计师一样做总设计师的工作。”

为什么要说“像个总设计师一样”呢？这是有原因的。

一辆新车型的开发大概要花费四年的时间，其中第一年是最重要的，因为总设计师会在第一年的时候确定新车型的一切数据，而随后

的三年只要根据确定好的数据按部就班地展开工作即可，总设计师的职责也变成了对工作进行监督。

佐佐木先生被任命为第二代卡罗拉的总设计师时，长谷川先生已经确定了新车型的数据。因此佐佐木先生的工作就只剩下对后续工作进行监督，也就是相当于成了长谷川先生的助手。

尽管这种情况看起来似乎对佐佐木先生有些不公平，但他却通过这段工作经历积累了丰富的经验。在与长谷川先生一对一工作的过程中，佐佐木先生切实地学到了“身为一名总设计师都应该做些什么”，掌握了许多仅凭语言和数据难以传授的知识。

佐佐木先生在担任第三代卡罗拉总设计师的时候取得了非常丰硕的成果，这与他之前的这段经历是分不开的。

丰田生产方式中理想的上司应该是“可靠的家长”

大野耐一先生说，身为上司应该“成为可靠的家长”。这句话非常清楚地表达出了他的思想。

在对丰田生产方式进行普及的时候，大野先生是一位十分严厉的上司。不管面对怎样的难题，他都不允许部下发出任何抱怨，总是强调“用思考‘做不到的理由’的头脑去思考能做到的方法”。不过，他对部下并非只有严厉的一面，只要部下认真努力地工作，他就会全心全意地去支持，竭尽全力地去培养。

曾经作为大野耐一先生的部下、后来成为丰田总裁的张富士夫先生就说，自己和大野先生之间的关系就是“师父和徒弟”。长谷川龙雄先生和佐佐木紫郎先生之间的关系应该也是如此吧。

与通过研修之类的课程学习来掌握知识相比，丰田生产方式更重视通过工作的OJT（On the Job Training，职场内培训）来培养能够取得成果的人才。

取得成果的工作术！

上司应该关心部下。部下也不能只会听从上司的命令，更要从上司的身上学习经验。要想取得成果就必须与人进行深入的交流。

通过公司里的人际关系磨炼出来的能力

长谷川龙雄先生的教育方法

像个总设计师一样
做总设计师的工作。

在工作的过程中进行
一对一的指导

在一对一的工作过程中掌握总设计师的工作经验

大野耐一先生的教育方法

不要讲借口，

大野先生，我在××上
遇到了问题……

用这个办法

身为上司应该“成为可靠的家长”

丰田的独到之处

人与人之间的深入交流非常重要

06

不要只培养听话的人，而要激发出“问题员工”的潜力

不要害怕部下超越自己

丰田生产方式的人才培养，目标不只是培养出“能够取得成果的人”，还要培养出“能够培养人才”“拥有领导能力”“具有开拓能力”的人。

早在三十多年前，丰田英二先生就对管理层提出了这样的要求：“我希望你们能够培养出青出于蓝而胜于蓝的人才。人才是企业经营的基础，是决定企业兴衰的关键。诸位不但要努力提高自己，更要将部下培养成优秀的人才。”

丰田的总设计师制度是从中村健也先生被任命为第一代皇冠的总设计师时开始的。这位中村先生被后人尊称为“大主管”，而他正是丰田英二先生亲手培养出来的人才。

中村先生原本并非丰田的员工，他之前在克莱斯勒的日本生产公

司担任设计负责人。但是，因为公司不重视安全性，他愤而辞职，又因为对丰田创始人丰田喜一郎先生的仰慕而来到丰田。

当时的丰田完全就是一家卡车生产工厂，没有设计制作小型汽车的能力。但中村先生却直言不讳地指出“不能生产小型汽车的企业无法生存下去”。一般情况下，这种人肯定会被辞退吧。

但时任常务董事的丰田英二先生却独具慧眼。他认为，要想开发小型汽车，需要一名拥有强大领导能力的人才。他这样说道：“开发能够与外资企业相抗衡的汽车，是一条充满艰辛的道路。承担这一责任的人，必须冲在最前面去进行开拓。而能够做到这一点的，只有那家伙。”

这里的“那家伙”指的就是中村先生。就这样，中村先生被提拔为“汽车开发主管”。

用自己的热情感染他人，让部下使出全力

开发主管可是个不好干的差事，因为他必须将分属于诸多部门之中、意见与个性都各不相同的员工们统一起来，让他们朝着同一个目标前进。所以，就连中村先生也感到有些不安。觉察到这一点的丰田英二先生对中村先生鼓励道：“建也，不要怕。这可不像你的风格啊。要是有什么问题的话，我帮你解决。”

开发小型汽车是丰田喜一郎先生、丰田英二先生以及每个丰田人

的梦想。本来丰田英二先生打算亲自上阵，但他身为经营者的立场不允许他这样做。所以他只能将自己的梦想托付给中村先生，并且用这样一句话将自己的热情传达给对方——“我来做你的坚强后盾”。

中村先生被英二先生的热情所感染，带领团队努力奋斗，终于成功开发出了皇冠。

充满热情的领导才能培养出优秀的人才。部下只有在被上司的热情感染之后才能够全身心地投入到工作之中。

取得成果的工作术！

对企业来说，最珍贵的资源就是“人才”。要想培养出优秀的人才，热情与远大的理想缺一不可。否则的话，就很容易培养出“对上司言听计从的人”和“只懂得服从上司安排的人”。

培养人才，热情与远大的理想缺一不可

皇冠诞生背后的故事

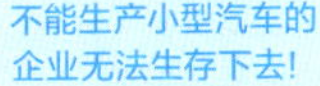

丰田英二先生

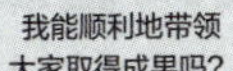

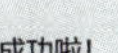

丰田的独到之处

上司要培养出青出于蓝而胜于蓝的人才

07

不要只看眼前的数字，通过培养人才取得更大的成果

让人行动起来取得成果和培养人才同样重要

丰田的管理人员需要具备三种能力。第一种能力是“实际工作的能力”，也就是推动工作进展的能力。第二种能力是“创建体制的能力”，也就是解决问题的能力。

一般情况下，只要具备这两种能力就能够在工作中取得成果，对于管理人员来说就已经足够了。

但丰田却要求管理者必须同时具备第三种能力，而且对这第三种能力尤为重视。那就是“培养人才的能力”。

对于丰田来说，**“让人行动起来取得成果”与“培养人才”是同样重要的任务，这两者是相辅相成的。**这也是“生产产品之前先培养人才”这一丰田生产方式最根本的思考方法。

有些管理人员害怕如果倾囊传授的话部下会超越自己，于是对人

才培养并不重视，甚至还会对优秀的部下进行打压，这简直是不可理喻。这样做只会使人才越来越少。

对管理人员来说，听话的部下或许用起来很方便，但这样的部下绝对称不上是优秀的人才。

丰田生产方式有句话叫作“用培养部下来回报上司的培养之恩”。

每一位管理人员，都是因为有上司的悉心培养才能够走上这个岗位，而这份恩情应该用继续培养优秀的部下来回报。

当你将一个重要的工作交给部下的时候，同时你自己也在向更高一层台阶迈进。这就是丰田生产方式积极向上的思考方法。

培养人才能够取得最大的成果

本田与丰田之间有很深的渊源。本田宗一郎先生在创建本田之前经营的公司（现在的东海精机）中也有丰田的出资。

据说本田先生曾经对公司的招聘负责人建议：“试着只录用那些你认为难以应付的人如何？”

一般情况下，招聘负责人都会根据自己或者公司里的人才标准来对应聘者进行判断。

但这种方法却很难招聘到能够打破现状的特殊人才。所以本田先生认为，那些个性十足的应聘者反而有更大的成长潜力。

丰田英二先生就是被中村健也先生强烈的个性所吸引，所以才对他大力培养。

除了培养像中村先生那样有强烈个性的人才之外，给相对来说比较平庸的人才出难题，激发他们的智慧也是一个办法。总之，最重要的是时刻牢记“培养人才能够取得最大的成果”这句话。

取得成果的工作术！

仅凭工作手册和研修无法培养人才。人才培养是从日常工作中时刻提醒“我要培养这家伙”开始的。通过这样的人才培养，不但可以使自己更上一个台阶，还可以让部下拥有超越自己的力量。

对领导来说最重要的就是“培养人才的能力”

丰田的管理人员必备的“培养人才的能力”

对人才培养不重视，甚至对优秀的部下进行打压，简直是不可理喻

本田宗一郎先生对招聘负责人提出的建议

以自己为标准的话很难招聘到能够打破现状的特殊人才

丰田的独到之处

用培养部下来回报上司的培养之恩

08

工作的九成在于让周围的人都成为自己的伙伴，只要认真努力就一定能够得到大家的支持

耐心是说服力的源泉

当管理人员提出要“取得成果”的时候，不能只满足于销量达到某个数字，还应该创建出一个能够让团队团结一致、连续取得成果的体制。

要想实现这一点，管理人员不但需要拥有优秀的工作能力，还需要拥有极高的“个人影响力”。

实际上，丰田生产方式非常重视团队合作。丰田在对管理人员进行人事考核的时候，除了对“课题创造力”“课题执行力”“组织管理力”“人才使用力”进行考核之外，“个人影响力”也是非常重要的考核指标。与其他企业相比，丰田的这种做法应该是绝无仅有的。

担任第一代普锐斯总设计师的内山田竹志先生曾经这样说道：“总设计师的‘个人影响力’以及说服他人提供帮助的能力，一直以来都

非常重要。一辆车的成功与否，主要取决于总设计师的人格魅力、耐心以及个人能力。”

有句话叫作“部下三天看穿上司”。因为部下对上司的一举一动都在进行仔细的观察。一旦部下发现“原来他并不是认真的”“他媚上欺下”，那么不管上司说什么，部下也就只会阳奉阴违了。

相反，如果部下认为“这个人值得信赖”，那么不管上司说什么，部下都会接受。也就是说，要想取得成果，首先要从获取部下的信赖开始。

取得成果从建立信赖关系开始

第三代卡罗拉总设计师佐佐木紫郎先生，一开始感觉总设计师没多大的权限，却承担着非常沉重的责任和义务。

实际上也确实如此，开发项目组由从各个部门抽调出来的员工组成，因为各个部门都有实际的领导，所以就算总设计师下达了命令，项目组成员也不一定言听计从。尽管总设计师拥有投入庞大资金开发新车型这一巨大的权限，但是如果总设计师想要依靠这个权限来达到某种目的，立刻就会遭到各个部门的抱怨和反对。

为了在如此复杂的状况中制造出理想的汽车，总设计师必须将团队成员甚至其他各个部门的领导都变成自己的伙伴。也就是说要拥有强大的“个人影响力”和人格魅力，让别人产生“我愿意支持他”

的想法。

第一代卡罗拉的总设计师长谷川龙雄先生将“人格”定义为“能够在一瞬间让别人成为伙伴的气场和态度”。

身为总设计师必须拥有这种人格魅力。佐佐木先生也指出，只要能够让周围的人都成为自己的伙伴，那么甚至可以说这就已经做完了九成的工作。

取得成果的工作术！

某丰田员工曾经说过“一个公司的好坏，完全取决于上司”。要想取得成果，管理层与现场员工之间的信赖关系和良好沟通必不可少。上司不能成为反面教材，必须时刻保持自己是一名“值得尊敬的上司”的形象才行。

得不到信赖就无法取得成果

第三代卡罗拉开发时

要想将各个部门都团结起来取得成功，让别人产生“我愿意支持他”的想法，那么“个人影响力”和人格魅力必不可少

第一代卡罗拉总设计师长谷川龙雄先生的教诲

丰田的独到之处

让大家都成为自己的伙伴，在彼此之间构筑起信赖关系

09

不要教完就走，上司和前辈要让部下和后辈认识到问题所在

只有能够行动起来才算是真正地“明白了”

在培养人才的时候研修是必不可少的。那么，什么样的研修才算是成功的研修呢？丰田生产方式对研修有三点要求。

1. “明白了”就是“能做到”

在工作的时候也是一样，不应该问“明白了吗？”。因为听到这个问题，对方就算没明白也会条件反射般地回答“明白了”。所以不要问“明白了吗？”，而是要通过对方的行动来进行确认。必须让“明白了”和“能做到”是同一个意思。

2. 训练与教育不同

绝对不能单纯地“教育”。在进行了“教育”之后，还要经过“训练”才能够实现“能做到”。“教育”的结果是“明白了”，“训练”的结果才是“能做到”。

3. 培养与开发不同

培养是企业单方面地培养人才，而开发则是企业提供机会和体制，个人以此为基础按照自己的意志来开发自身的能力。两者相比，当然是开发更加重要。

比如，丰田全球人事部的财津裕真先生就只说“人才开发项目”而从不说“专业人才培养项目”。因为他希望人才“以公司资源为基础，按照自身的意愿来开发自身的能力”。

掌握工作手册上的内容只能使工作达到平均水平

在雷克萨斯刚问世时担任雷克萨斯国内销售部“人才培训”负责人的木村隆之先生，原本负责海外销售和海外市场开发业务，在人才培训方面毫无经验。他之所以敢于承担这个职务，是因为“谁也没有培养销售雷克萨斯这种高端车型的人才的经验”。

如果按照工作手册上的内容对销售人员进行培训，那么根本培养不出能够销售高端车型的人才。因为遵循工作手册上的要求，虽然能够提供平均水准的服务，但是难以实现突破和提高。

要想销售高端车型，就必须扔掉传统的销售方法，自己发觉、自己思考新的服务方式，也就是能够打动顾客的服务方式。

木村先生是这样想的：

“因为我就很不喜欢那种单方面宣讲形式的研修，所以我改变了研修的形式。不能让人获得灵感的研修毫无意义。”

木村先生将单方面宣讲形式的研修全都替换成自主性的发觉与思考。这种方法现在已经发展成为雷克萨斯销售部的基础。

正如生产产品之前先培养人才一样，要想提供能够打动顾客的服务，也要先从培养人才开始。

取得成果的工作术！

培养不仅懂得原理同时也能够实践的人才。除了掌握工作手册上的知识之外，更重要的是让员工能够独自思考，站在客户的角度来看问题，这才是真正的人才培养。研修也应该以此为基础进行。

培养能够取得成果的人才的方法

丰田生产方式研修

不要只听对方说“明白了”，还要确认对方的行动

培养雷克萨斯的销售人才

单方面宣讲的研修太无聊了！

大家认为在销售雷克萨斯的时候什么最重要？

这种方法如何？

我觉得……

丰田的独到之处

培养能够凭借自己的力量不断成长的人才

10

最先解决争执，这是促进团结的秘诀

争执是为了发现最好的解决办法

有人认为丰田的员工全都朝着同一个方向前进，拥有相同的思考方法，所以非常刻板、枯燥乏味，其实这是非常大的误解。实际上，恐怕再也没有比丰田争执更激烈的企业了。

丰田英二先生说过：

“团队不是交友俱乐部，大家都会提出自己的意见。只要是自己觉得合理的意见，就会毫无顾虑地提出来。有时候大家还会因为各执己见而争执。但是，只要最后大家达成一致找到最好的解决办法，接下来就会齐心协力为实现目标而努力。”

这才是真正的团队，才是丰田生产方式的做法。

为了让大家能够齐心协力、团结一致，在做决定之前让所有人都充分地各抒己见非常重要。应该在经过充分的讨论甚至是争执之后才做出最后的决定。如果没有这个过程，那么当正式开始行动的时候，就会有人提出“我从一开始就反对”“整体赞成，部分反对”之类的观点，结果导致反目与分裂。

丰田生产方式的讨论是“和谐的争执”。因为大家都是为了同样的目标努力奋斗，所以发生冲突的时候也非常激烈。

犹豫不决的时候更应该横下一条心

2003年，丰田在讨论新销售计划“GNT（加油！日本丰田）”的时候也是困难重重。为了确立雷克萨斯的品牌效应，必须从现有的销售渠道中脱离出来，组建全新的销售网。

品牌就是商家对顾客的承诺。雷克萨斯是高端品牌，要想确立其影响力就必须将差异化做到极致。不但要投入大量的资金和人才，还要将原有的五个销售渠道重新整理为四个，可以说是非常大的变革。但因为雷克萨斯是超豪华汽车，即便投入这么多，在销量上也不会有立竿见影的效果。所以很多人都对这次变革表示担忧，甚至提出反对意见。

而雷克萨斯项目的相关人员则是从一开始就下定了决心。

“仅凭一两次会议讨论是不可能确定下来结果的，只能让大家把想说的话都说出来，把所有的问题都解决掉。”

经过反复的讨论，问题点被逐一攻破，大家集思广益提出了许多非常好的意见和建议，在最后的一次会议上，副总经理岩月一词先生这样说道：

“我们讨论了这么多，那么总要给后人留下些什么才行吧？”

他的这句话将大家的思想全都统一了起来，讨论就此结束，计划开始执行。

丰田生产方式的方法就是先进行充分的讨论，而一旦得出结论之后就团结一致开始行动。从这个角度上来看，说丰田员工全都朝着同一个方向前进，拥有相同的思考方法也确实如此。

一旦得出最终结果，所有人都会团结一心地开始行动。

取得成果的工作术！

要想实现一个目的可以有许多手段，但只有经过讨论和验证之后才能够找出最好的解决办法。丰田生产方式虽然在做决定之前花费许多时间，但在做决定之后效率就大大提高。因为之前的讨论已经解决了所有的问题，并且使大家团结在了一起。

丰田生产方式的讨论非常激烈而且彻底

首先进行彻底的讨论，做出决定之后就团结一致开始行动

雷克萨斯品牌的确立

丰田的独到之处

要想让大家齐心协力、团结一致，彻底地讨论非常关键

11

对工作要有理想，让工作不只有数字

与强迫性的领导力相比，理想更能够让人行动起来

不管多么优秀的人才聚集在一起，如果大家的目标和理念不一致，那么就难以作为一个整体发挥出应有的力量。而要想让大家团结到一起，就必须有一个能够吸引所有人的核心部分。领导的信念和理想，是核心的最佳选择。

2003年雷克萨斯发售时，日本销售部的负责人横井靖彦先生就坚信“只有理想才能够让人行动起来”。他从各个部门之中挑选出14名优秀人才组成了一个全新的团队，尽管这些人才各自的立场和意见都不相同，但他们都和横井先生拥有相同的理想。他这样说道：

“每个人都必须发挥出120%的力量，决不能因为有人前进的方向不同或者意见不一致而拖累整个团队。正所谓‘主动承担、重担不重’。要想实现这一点，强迫性的领导力是不行的，必须有共同的

理想。”

为了生产出全日本第一辆豪华汽车，技术部一直在追求“世界第一的技术”，那么销售部也必须相应地提供“世界第一的销售与服务”才行。这就是横井先生的理想。

当时日本人普遍对汽车销售店的评价不高，就连学生找工作也不愿意去汽车销售店，而汽车销售更是遭人鄙视的职业。就是在这样的市场环境下，横井先生提出的目标是让顾客提起雷克萨斯这个品牌第一个反应就是“你在雷克萨斯工作吗？那里的服务质量真是一流”。

理想具有使人行动起来的力量

横井先生制作了一本名为《The Lexus》的品牌手册。在手册中，展现出了一种完全超越了丰田品牌的最高水准的销售与服务的提供形态。尽管其他部门对此提出了许多不同意见，但横井却没有做出丝毫的让步。他这样说道：

“最终能够取得多大的成果，是由最初制定的目标决定的。”

很快，原本好似一盘散沙般拼凑起来的新团队开始团结一致地展开行动。现在我们看到的雷克萨斯品牌正是横井及其团队努力工作所取得的成果。

苹果的创始人史蒂夫·乔布斯年轻时就非常推崇丰田生产方式，

还将丰田生产方式导入自己公司的生产线上。

苹果在创业之初给员工提供的待遇并没有多好，但是聚集了大量优秀的人才，而这些人才又团结一致地生产出了许多非常了不起的产品。

这是因为乔布斯提出的“生产具有划时代意义的产品”“亲手改变世界”等理想深深地打动了他们。理想绝非痴人说梦，而是能够在现实中取得成果的力量。

取得成果的工作术！

要想完成困难的工作、实现远大的目标，那么工作中就不能只有冷冰冰的数字，更需要能够打动人心的理想。工作一旦开始，要想在过程中继续提高标准非常困难，所以必须从一开始就提出崇高的理想、远大的目标，并为之努力。只有这样才能无限接近目标。

要想让大家团结一致，共同的理想必不可少

雷克萨斯日本销售部负责人横井靖彦先生的信念

要想让人行动起来最终还是
要靠理想！

一个团结的集体离不开共同的崇高理想

史蒂夫·乔布斯提出的理想

丰田的独到之处

工作中不能只有冷冰冰的数字，更需要能够打动人心的理想

12

小心员工能力参差不齐的情况，一个人的失误可能会导致整体失败

不消除短板就难以保证稳定的工作水准

在制造产品的时候，难免会出现残次品。甚至可以说制造业的历史，就是消除残次品，使良品率接近100%的历史。

培养人才也是如此。

比如一部分员工能够提供最高品质的服务，但另外一部分员工只能提供最低品质的服务，那么有时候顾客甚至会对服务做出“全都是最低品质”的评价。

在服务行业有一个词叫作“真实的瞬间”。因为顾客会在与服务员短时间的接触中做出评价，这就是“真实的瞬间”。如果这一瞬间的服务品质不佳，那么不管之前的服务多么优秀，品牌多么著名，企业规模多么庞大，顾客对其印象都会变坏。而差评一旦流传到网上，就会在全世界范围内传播，可以说这一瞬间的结果决定了一切。

雷克萨斯日本销售部负责人横井靖彦先生所追求的是超一流的服务水准，但是要想将这一水准贯彻到全国所有的雷克萨斯销售店的所有销售人员身上，却是非常困难的事情。尽管这些销售人员都是销售丰田汽车的专家，也能够维持很高的服务水准，但是他们完全没有销售豪华汽车的经验，对于如何向购买豪华汽车的高端客户提供无微不至的服务也一无所知。

横井先生对各个雷克萨斯销售店的总经理这样说道：

“一个0分也不能有。”

如果一家雷克萨斯销售店有10名销售人员，其中9个人都能够提供满分的服务，但是有1个人提供了0分的服务，那么这就会成为“真实的瞬间”。

所以关键在于不能让任何一个人做出0分的服务，必须消除短板。

正是因为横井先生对服务如此严格的要求，才使得雷克萨斯的销售在日本走上了正轨。

传授技艺的时候，最好的办法就是一对一

在生产现场也应该将“一个0分也不能有”的要求贯彻到底。

在丰田的各个工厂之中，每个工厂都有几个“道场”。在“道场”之中由经验丰富的老员工担任指导员，对已经有过几年工作经验

的年轻员工进行一对一的培训。培训内容包括工具的使用方法、“为什么这个控制杆要用中指而不用食指拉动”之类基本的操作原理以及拧螺栓的正确方法等。

在“道场”之中有很多练习板和发动机实物，可以对学徒做的工作逐一进行检查。如果出现问题，指导员就会要求其重做，“根据工具发出的声音和振动来掌握正确的感觉”。

之所以对已经有几年工作经验的年轻员工也进行培训，就是为了实现“不让一辆汽车出现问题”的目标。而要想实现这个目标，就必须消除短板。

取得成果的工作术！

不管是生产还是销售，如果有一个人拿“0分”，那么所有人的努力都将白费。为了避免出现这种情况，追求“一个0分也不能有”的崇高理想以及脚踏实地的训练缺一不可。丰田生产方式就拥有“将残次品率削减为零”这一永远不变的信念。

维持服务水准的技巧

消除短板，所有都做到100%

丰田的生产现场

经验丰富的老员工通过一对一的培训让年轻员工掌握技巧

丰田的独到之处

要想实现“一个0分也不能有”的目标，脚踏实地的训练必不可少

专栏：丰田生产方式的故事1

不知道接下来应该怎么做的时候，就算是乍看起来好像是无用功的事情也要勇于尝试

丰田于2014年12月开始发售的燃料电池汽车MIRAI一经上市便广受好评。2015年1月订购的话，要两年之后才能拿到车。

通用早在20世纪60年代就已经开始了对燃料电池汽车的开发，福特也在2010年的时候就以燃料电池汽车的实用化为目标了。丰田则由于混合动力汽车普锐斯大获成功，所以在燃料电池汽车的开发上慢人一步。然而就是在这样的情况下，丰田最终还是抢得了先机。

随着MIRAI的登场，丰田就拥有了所有种类的环保汽车。今后混合动力汽车、电动汽车以及燃料电池汽车究竟哪一个能够成为主流？对于这个问题，谁也无法给出明确的回答。

在未来难以预料的时候，丰田究竟如何应对呢？答案是不要害怕无用功，大胆地进行尝试。比如丰田在开发混合动力发动机的时候，同时也在进行许多其他的尝试。

20世纪90年代初，丰田为了开发面向21世纪的新型环保汽车，对混合动力汽车、电动汽车以及燃料电池汽车都进行了比较之后，认为混合动力汽车是最有发展前途的汽车。但是，丰田同样没有放松对电动汽车以及燃料电池汽车的开发。

当未来难以预料的时候，绝大多数企业都会选择一个方向前进，但丰田却选择向所有的方向前进。2003年，时任总裁的张富士夫先生这样说道：

“将鸡蛋都放在一个篮子里是很危险的。为了能有更多的选择，不怕做无用功的大胆尝试非常重要。”

遵守原则，但不要被原则束缚

张先生又继续说道：

“丰田绝不会为了省钱而不去尝试，像这样的特殊时期，所有人都会支持你去大胆尝试，没有人会说你在做无用功。”

丰田生产方式的基本要求就是找出无用功并且对其进行改善。正如为丰田生产方式打下坚实基础的大野耐一先生所说的“消除无用功是一生的工作”，只有对不断出现的无用功进行改善，才能够实现“以更低的成本、更快的速度生产更好的产品”的目标。这也是丰田之所以强大的秘密所在。

但是，丰田生产方式并非将所有的无用功都不分青红皂白地全部消除。有些事情虽然乍看上去好像是无用功，但是值得一做。也就是说，丰田生产方式需要对“什么是无用功”做出非常准确的判断，找出哪些是“应该消除的无用功”，哪些是“值得尝试的无用功”。

另外，丰田生产方式虽然非常重视自主研发，但有的时候对共同研发也持灵活的态度。比如在电动汽车的开发方面，丰田在坚持自主研发的同时，也与美国的电动汽车专业生产商特斯拉展开了广泛的合作。

当然，混合动力汽车和燃料电池汽车都是丰田自主研发的。

当未来难以预料的时候，不妨在条件允许的范围内多加尝试。尽可能坚持自主研发，但有时候也可以尝试合作开发。丰田在坚持原则的同时又不被原则所束缚，所以才能够连续不断地取得成果。

第二章

取得理想成果的“顾客视角”

13

“顾客第一”就是不要辜负顾客的期望，无论何时都要保持诚意

为顾客提供无微不至的服务

丰田拥有非常强大的销售能力，甚至有这样一句话叫作“技术日产、销售丰田”。

而为丰田打下这一基础的正是被称为“销售之神”的神谷正太郎先生。神谷先生原先在日本通用汽车担任副总经理，但通用汽车对经销商缺乏足够的重视、制订的标准过于严格等问题引起了他的不满，于是他在1935年的时候跳槽到了丰田。

神谷先生对经销商十分重视，甚至提出了“顾客第一，经销商第二，制造厂第三”的基本原则。

他这样做是有原因的。

现在的消费者都理所当然地认为丰田汽车的品质是世界一流的。但在1936年丰田刚刚开始生产一号车时却并非如此。那时候丰田生产

的汽车即便只是从大阪往名古屋运送一趟货物也会出现许多故障。

丰田的经销商只能以“国产汽车”的爱国主义情怀来进行推销。丰田的第一家经销商山口升先生是神谷先生在通用汽车时代的好友，他对神谷先生说道：

“你知道吗？我虽然销售咱们公司的汽车，但是我绝对不会说咱们的汽车比其他公司的汽车更好。因为现在咱们的汽车跟世界上任何一家公司的汽车相比都是最差的。”

而神谷先生给山口先生的回答则是，正因为卖的是世界上最差的汽车，所以才要用优质的服务来弥补品质上的不足。

神谷先生之所以提出“顾客第一”的原则，就是因为“要用无微不至的售后服务，彻底消除顾客的后顾之忧。绝对不能辜负支持国产车的顾客的期待”。

大局观与细节同样重要

山口先生说道：

“我们将竭尽全力为顾客提供服务。只要顾客的汽车出现故障，不管多少次，不管刮风下雨还是三更半夜，我们都会第一时间赶往现场。因为我们能够充满自信地为顾客提供的就只有诚意、诚实和诚心了。”

除了万无一失的服务，神谷先生还非常有大局观地提供了“分期付款”的服务项目，这就使得那些在资金上周转不灵的企业也有能力购买卡车。同时，他还在全国范围内构筑起了销售网络。

当然，生产部门也对产品的品质不断地进行改善。一号车在发售初期的一年内进行了超过八百次的改造。

丰田无微不至的服务确实在初期弥补了产品品质上的不足，但丰田如此努力地为顾客提供优质的服务，绝不是为了眼前的利益，而是为了让汽车在日本普及，以及制造出具有世界级品质的汽车。

取得成果的工作术！

顾客对产品的投诉是永无休止的，而将其看作是一种麻烦还是将其看作是改善的契机，会使服务的态度截然不同。在丰田，“顾客第一”是时至今日仍然没有丝毫改变的绝对理念，也是实践的指导方针。

“顾客第一”的绝对理念

丰田初期的汽车也故障频发

又出故障了？
嗯。
如果顾客的汽车出现了故障，哪怕是三更半夜也要立刻赶往现场！我们能够提供的只有诚意！
是！

将故障看作是改善的契机，服务态度就会发生巨大的转变

“顾客第一，经销商第二，制造厂第三”的基本原则

我们绝对不能辜负支持国产车的顾客！
我们的车可以分期付款。
那可真是太好了！

丰田的独到之处

以“顾客第一”的理念竭诚为顾客提供服务

14

第一印象很重要，事先消除所有的负面因素

口头禅很有可能给顾客留下不好的印象

能够取得优秀业绩的销售人员必然经常站在顾客的角度审视自己。

因为人往往喜欢根据第一印象来进行判断。如果顾客对销售人员的第一印象是“这个人可靠吗？”“好像不值得信赖”，再想改变顾客的看法可就不容易了。当然，就算给人留下的第一印象不佳，但只要接触得久了，对方也会逐渐发现“这个人其实也挺好的”。然而这种印象的改变需要很长时间，而汽车销售人员和顾客之间相处的时间显然没有那么长。

所以对销售人员来说，时刻以顾客的眼光来对自己的言行进行审视，然后对自己的言行进行修正是很有必要的。

自从开业以来连续实现销售目标的某丰田销售店的店长A先生，

经常对他手下的年轻店员这样说：

“顾客会在进店最初的一分钟确定对这家店的印象”。

为了能够在这一分钟之内抓住顾客的心，A先生对店员提出了非常严格的要求，比如在说话的时候绝对不能有“那个……”之类的口头禅。因为要想给顾客留下好印象，必须迅速准确地回答顾客提出的问题。如果在回答顾客问题的时候说了“那个……”，很容易使顾客产生“这个人可靠吗？”的怀疑，给顾客留下不好的印象。

时刻对自己进行这样的检查，是销售人员的自我修养。

顾客会根据销售人员来评判公司和产品的价值

某旅行社针对“最终没能签订旅游合同的原因”这一问题，分别对销售负责人和顾客进行了问卷调查。

销售负责人给出的回答是“竞争对手的产品价格更低”“顾客去熟人介绍的旅行社跟团了”“我们的知名度不够，产品不够吸引人”。

而顾客给出的回答则是“眼看就要到出发日了，旅行计划却还没做完”“头发乱糟糟的，态度也不好”“对产品的了解不够”等。

也就是说，销售负责人列举的都是“自身以外”的问题，而顾客列举的则都是“销售负责人自身”的问题。尽管最终双方成交与否的结果不完全由销售负责人决定，但销售负责人能否获得顾客的信赖却对最终的结果有着很大的影响。

店内的氛围、销售负责人的言谈举止，都是影响成交结果的重要因素。

企业在招聘的时候，绝大多数的面试官都会在最初的一到三分钟之内做出是否录用的决定。甚至还有不少人直接根据应聘者进入房间时给他留下的印象来做决定，至于随后的面试提问就只是对之前印象的一种确认。如果应聘者的回答与印象相一致的话就录用，不一致的话则放弃。而一开始给面试官留下不好的印象，通过随后的交流扭转局面的情况可谓是少之又少。

取得成果的工作术!

为了给顾客留下一个良好的印象，必须采取一切能够采取的措施。尤其是对于从事销售相关工作的人来说，更是要不断地努力。绝对不要忘记，顾客会在进店最初的一分钟确定对这家店的印象。

第一印象是影响结果的重要因素

某丰田销售店

那个……

是，
我明白了！

顾客会在进店
最初的一分钟确定对
这家店的印象。
请不要用
“那个”的口头禅！

即便只是微小的细节也会影响顾客对商家的信赖

最终没能签订旅游合同的原因

为什么顾客最终没有
签订旅游合同？

竞争对手的价格更
便宜，而且产品比
我们更有吸引力。

为什么您没在我们
旅行社跟团呢？
产品倒是不错，但那个销售
负责人的言谈举止实在
不行，所以我就换别家了。

销售负责人列举的都是“自身以外”的问题，而顾客列举的则都是“销售负责人自身”的问题

丰田的独到之处

顾客对店铺的第一印象将影响最终结果

15

坚持追求最高目标，不要以取悦上司为目的

不要成为“经理眼中的好学生”

第三代卡罗拉的总设计师佐佐木紫郎先生曾经对管理层说过这样一句话：

“我并不打算成为经理眼中的好学生”。

制造业的终极目标是“用最高的品质让顾客感到满意”，为了实现这一目标，生产者必须以“按期完成工作”和“控制成本”为基准与周围的人进行斗争。

而经理就是“周围人”的代表。如果这些经理越是称赞“佐佐木是个好学生”，那么最终生产出来的产品距离“使客户满意”这一目标就越远。所以生产者必须将注意力放在顾客身上，为顾客生产最高品质的汽车。

当然，在公司里工作不可能完全不顾周围人的要求。在努力工作

获取周围人认可的同时，更重要的是将工作的重心放在顾客那一边。

佐佐木先生从1970年开始构想第三代卡罗拉。1973年，日本遭到第一次石油危机的影响，同时期政府对汽车排放的管制也变得更加严格。佐佐木想要生产出既符合排放规定又具有高端感的大众汽车，这一目标实现起来可以说是相当困难。

丰田对成本的管理十分严格，管理层无时无刻不在严密地监控着每一处成本变动。但如果太拘泥于成本，造出来的汽车就会显得廉价。

因此佐佐木先生才向管理层说出了“不打算成为经理眼中的好学生”这句话。当他要在成本和品质之间二选一时，他最终选择了品质。尽管控制成本是必不可少的，但佐佐木先生并没有为了削减成本而牺牲品质的打算。

最终，在管理层“你这么做卡罗拉是赚不到钱的”的嘲讽声中，第三代卡罗拉成了丰田有史以来销量最好的汽车。

只有站在顾客的角度上才能取得最佳的成果

事实上，并不是说只要有充足的预算和时间就一定能够取得最佳的成果。

史蒂夫·乔布斯就曾经说过“研发经费的多少与创新之间并没有必然的联系”。

在乔布斯先生开发苹果电脑的时候，其竞争对手IBM的开发经费是苹果的上百倍之多，然而最终引发个人电脑革命的却是苹果。

曾经有一段时期，微软也投入了苹果十倍以上的开发经费，但是却并没有引发像苹果那样的技术革命。

由此可见，要想取得最佳的成果，唯一的办法就是以顾客的视角进行思考和工作。而讨好管理层则意味着与使顾客满意的方向背道而驰。所以**有时候就算违背上司和管理层的意愿，也一定要贯彻“为顾客服务”的宗旨**，这样才能够使公司越来越好。

取得成果的工作术！

只有在有限的预算和时间之内取得最佳的成果才能称得上是专业人士。从创业之初就不断与世界一流企业竞争的丰田，在成本管理上可谓是非常严格，然而这并不意味着生产者就一定要对管理层的话言听计从。

在“成本”与“品质”之间寻求平衡的思考方法

第三代卡罗拉总设计师佐佐木紫郎先生的宣言

努力工作的同时更要使顾客感到满意

苹果为什么能够引发个人电脑革命

只有站在顾客的角度上才能取得最佳的成果

丰田的独到之处

在有限的预算和时间之内取得最佳的成果才能称得上是专业人士

16

不要自满，没有得到顾客认可的变化不是变化

如何避免努力了却得不到认可的悲剧

一个人工作的好与坏并不是由自己的评价决定的，而是由他人的评价决定的。这个“他人”既包括同事也包括顾客，但最终的决定权还是在顾客手中。

有时候可能你觉得自己已经非常努力了，但是却得不到他人的认可。那么要如何避免出现这样的悲剧呢？

在开发第九代卡罗拉的时候，总设计师吉田健先生最重视的一点就是“新生”。卡罗拉不仅是丰田最有代表性的汽车，甚至可以称得上是能够代表20世纪的汽车之一。正因为如此，丰田上上下下都认为卡罗拉的开发“绝对不能失败，绝对不能有任何缺点”，对哪怕一丁点的改变也谨小慎微。尽管每一代卡罗拉的外形设计都会改变，但是在不知不觉间失去了对年轻一代的吸引力。甚至第八代的卡罗拉成了“让

人看不出任何变化的汽车”。

正是出于这样的危机意识，吉田先生才想要“让卡罗拉重获新生”。他要求项目组的成员“从零开始思考”“实现飞跃性的改变”，大家也按照他的要求进行了设计。

然而，时任副总经理的和田明广先生在看到他们的设计稿之后却说了这样一句话：

“这不还是原来的‘卡罗拉’吗，顾客能买账吗？”

真是一语中的。**尽管吉田先生一再强调“飞跃性的改变”，然而项目组在进行设计的时候脑袋里想的还是“畅销”，结果并没有实现“飞跃”。**

将顾客的想法作为评价的基准

时任总经理的奥田硕先生对吉田健先生给予了大力的支持，他说“就算失败也没关系，大胆地改变吧”。不仅如此，担任第二开发中心负责人的冈本一雄先生也这样说道：

“就算我们自己觉得改变了，但顾客不认为我们有所改变的话，那就毫无意义。”

这句话让吉田先生恍然大悟。只有自己觉得改变了是不够的，必须让顾客认识到“改变了”才行。要想做到这一点，孤注一掷的决心是必不可少的。

从此往后，吉田先生才真正做到了“从零开始思考”。

改变一个已经取得了成功的产品或者方法，需要非常大的勇气。因为一旦失败，所有的批评都会集中到自己身上。所以，绝大多数的人都保守地认为“一切顺利的时候不要有任何改变，不要做多余的事情”。

但是，不管多么成功的产品或者方法，如果总是一成不变，那么总有一天会达到极限。等出现危机的时候才急急忙忙地想办法改变，恐怕再也难以实现曾经的辉煌了。

“在一切顺利的时候进行改善”是丰田生产方式的基本规则。

取得成果的工作术！

认识到“评价的结果由他人决定”这一点尤为重要。绝对不能只是自己认为“改变了”，停留在自我满足的层面。只有站在他人的角度对自己进行审视才能够实现真正的变化。改变自己、改变工作方法，然后就能够取得工作的成果！

对工作做出评价的是顾客

第九代卡罗拉开发时遇到的问题

第九代卡罗拉的主题是
“新生”。
哎哟!
这不还是原来的
“卡罗拉”吗?
和田明广先生

啊?

嘴上说着要实现“飞跃性的改变”,
但实际上还是在想着销量啊……

就算我们自己觉得改变了，但顾客不认为
我们有所改变的话，那就毫无意义。

丰田的独到之处

为了实现“改变”，必须有孤注一掷的决心

17

被批评了也不要气馁，只有被批评的人才能得到成长

与成功的经验相比，失败的经验更加宝贵

年轻员工要想在工作中取得成果，最需要的是什么？有人说“是不断地积累成功经验实现成长”，也有人说“只有经历过失败才能够取得成功”。

丰田生产方式属于后者。

丰田在技术方面坚持“自主研发”的理念。尽管有时候直接购买技术或者将业务外包风险更小、效率更高，但丰田几乎不会采取这样的做法。

理由很明显。如果总是使用现成的东西，就难以获得“失败的经验”。丰田生产方式认为，只有同时拥有失败与成功两方面的经验，才能说是在真正意义上掌握了这项技术。

那么，什么是失败的经验呢？浪费预算、制造出残次品这些都不

能算是失败的经验，只有遭到顾客的批评才算是失败的经验。

吉田健先生认为“应该在制造汽车的同时培养人才”。因为即便自己这批人老了、退休了，但汽车还是要继续生产下去。如果只是一味地将成功经验传授下去，那么不管是员工还是汽车都不会得到成长与进步。他希望年轻的技术人员能够跟上时代的脚步，开发出更好的汽车。虽然公司给员工们准备了学习的场地和经验，但真正让年轻人得到成长的还是前辈和顾客的批评。他这样说道：

“敢于进行挑战、不怕遭受失败，只有被销售店和供应商批评过，或者被顾客投诉过的员工才能够得到成长。”

失败是最好的学习

丰田的技术人员都通过自己的亲身经历认识到了失败的重要性。

“如果说什么是最好的学习，我认为就是失败。正所谓‘失败乃成功之母’。经历失败然后不断尝试的过程反而是掌握工作方法的捷径。”

“我正是因为不断失败才取得今天的成就。只有在遭遇失败之后，才能够决定接下来的前进方向。”

工作必须取得成果。要是因为失败导致工作没能取得成果，那么很有可能遭到上司或者周围人的批评。但是如果没有从失败中吸取经验和教训的话，那才是真正的失败。批评的声音，不管是直接的还是间接的，一定要认真听取，并且从中吸取经验。

很多上司都只看结果不问过程，但绝对不能因此就产生“绝对不能失败，如果失败了我就是个没用的人”之类的想法。即便成长的道路上充满了忐忑，也要坚信“失败乃成功之母”。因为这一点已经被丰田生产方式证明是绝对正确的。

取得成果的工作术！

人通过成功积累自信，通过失败总结教训。要想获得成长，成功与失败都很重要。对于企业来说也一样，成功固然重要，但失败也必不可少。“从失败中吸取经验和教训”是丰田生产方式的传统。

从“失败”中学习经验

丰田坚持自主研发的理由

可以从自身的失败当中积累经验

吉田健先生的经验

丰田的独到之处

不要害怕失败，拥有敢于挑战的勇气

18

一定要去现场调查，只看数据是不够的

产品要经过市场的检验

不管事先被认为是多么完美无缺的产品和服务，只有在推向市场之后才知道是否成功。特别是在全世界范围内推广的产品与服务，必须根据不同国家的具体情况分别进行设计和调整。以汽车为例，如果不根据销售国家的具体情况对车身外形和喇叭声音进行调整的话，畅销车也会变成滞销车。

丰田原总裁张富士夫先生将这种情况称为“市场的选择”。也就是说，只有在市场中听取顾客的需求，才能够造出更好的汽车。

当然，如果能够在将产品和服务推向市场之前就获取大量的顾客需求信息那就更好了。因此很多企业都会进行市场调查，对大量数据进行分析，然而这样做并不能完全、彻底地了解顾客的全部需求。

丰田在进行市场调查和数据分析的同时，更加重视现场调查。也就是说“一定要去现场亲眼看一看”。

主要面向美国、加拿大与墨西哥市场的塞纳（Sienna）在进行升级改装的时候，担任总设计师的横矢雄二先生提出了一个很奇怪的要求：

“我打算亲自在美国50个州、加拿大13个州以及墨西哥全境开一圈。”

很多事只有亲临现场才能发现

虽然横矢先生曾经开发过面向日本和欧洲市场的汽车，但是开发面向北美市场的汽车却是头一次。尽管他曾经去过北美，但从没有从汽车开发的角度对北美市场进行过观察。

当然，丰田拥有大量关于北美市场的数据和资料，但横矢先生认为与查阅数据和资料相比，自己去现场亲眼看一看、亲身体验一下更加重要。

横矢先生亲自前往北美各地，一下飞机就开着租来的塞纳四处乱转，从行程中获得了许多经验。比如他在密西西比河流域开车的时候，发现需要对横风采取一些应对措施，而因为在北美绝大多数情况下都需要长时间驾驶，所以水杯架也是必不可少的。这些都是只有亲临现场、亲身体验才能够发现的改善点。

雷克萨斯在开发过程中也出现过同样的情况。研发部门为了掌握美国购买豪华汽车的上流社会人群都有哪些需求，专门派出了一个团队去进行市场调研，时任美国丰田汽车销售总经理的东乡行泰先生对考察团队这样说道：

“只有真正地了解美国人，才能够生产出面向美国市场的汽车。”

东乡先生希望团队在美国生活三个月到半年的时间，用亲身的感受来彻底掌握美国人的生活方式。

考察团队在美国的许多城市对经销商和顾客进行了问卷调查，获得了许多非常宝贵的经验。

取得成果的工作术！

“你去现场看了吗？”是大野耐一先生的口头禅。那些没去现场就直接向他进行汇报的员工往往会遭到他的严厉训斥。不仅在生产现场，在开发和销售现场，“去现场看看”也是工作中最重要的一环。

丰田把握市场需求的方法

张富士夫先生把握市场需求的方法

只对数据进行分析无法把握顾客真正的需求

塞纳（Sienna）进行升级改装时的故事

通过亲自驾驶发现了许多灵感

丰田的独到之处

用自己的双眼去亲自确认顾客的需求

19

削减成本的底线是“不辜负顾客”

降低价格固然重要，但如果影响了品质则得不偿失

“可靠性与耐久性，虽然现在可能看不出什么影响，但十年后一定能够体现出其价值。所以，绝对不能妥协。”

这是开发过卡罗拉、SOLUNA以及雷克萨斯的吉田健先生曾经说过的话。这句话可以说非常明确地表明了丰田生产方式对品质的态度。

吉田先生被任命为以“简单、廉价”为主要卖点的亚洲战略车型SOLUNA的总设计师时，曾经认为“这是一项很无趣的工作”。

但当他亲身来到泰国，站在泰国街头的时候，态度却发生了巨大的转变。

当时泰国的信息可谓是非常发达。即便是普通家庭也都拥有电视，能够看到欧洲的电视节目，甚至还能够阅读到法国的杂志。当

然，泰国民众对汽车的眼光也非常高。

然而，泰国民众的收入却很低。绝大多数人骑的都是自行车或摩托车，汽车则是可望而不可即的奢侈品。

在这样的国家里，连卡罗拉都变成了高级车。尽管SOLUNA的开发目的是为泰国民众提供一款价格低廉的汽车，但不管怎么降低成本，其价格对泰国人来说还是太高了。

“即便生产商将成本压缩到最低，生产出来的廉价产品，对顾客们来说却仍然是想要努力攒钱购买的奢侈品”。

在现场了解到这个情况之后，吉田先生产生了这样一个念头：

“绝对不能辜负他们的期望。”

就算是“简单、廉价”的汽车，也绝对不能是一辆破破烂烂的汽车。

只有得到顾客信赖的产品才能够畅销

吉田先生派遣年轻员工们到泰国进行实地考察，让他们了解泰国市场的实际情况，最终得出了“使用当地材料在当地进行生产”的本土化解决方案。

其中有人提出“泰国销售的其他汽车都没有进行防锈处理，那么我们也不进行防锈处理怎么样？”的提议，但吉田先生却坚决地给予了否定。他当时的回答就是本节开头的那句话。

在降低价格的同时也要保持原有的高品质。这是绝对不能妥协的底线。

通过牺牲品质实现的廉价，早晚会出现问题。就算畅销一时，但从长远的角度来看，这种做法辜负了泰国顾客对汽车的憧憬以及对丰田的信赖。

生产出能够得到顾客真正的信赖以及长久喜爱的产品，这才是丰田生产方式的理念。“品质与安全要两手抓、两手都要硬”。

在1997年开始销售的SOLUNA成为丰田第一辆亚洲战略汽车。虽然SOLUNA在发售之后因为遭遇亚洲金融危机而没能取得期望之中的大成功，但在2002年开始销售的威驰（VIOS）完全继承了SOLUNA的价格和理念。

取得成果的工作术！

工作的目的就是满足顾客的需求和期望，不辜负顾客的憧憬与期待。要想实现这个目的，就必须把握顾客的心理，了解当地的情况。如果不能彻底做到这一点，即便取得了一时的成果，也早晚会遇到问题。

生产不辜负顾客信赖的产品

吉田健先生在泰国意识到信赖的重要性

生产简单、廉价的汽车，
真是没意思！

大家对汽车的
眼光很高！

汽车对泰国的顾客
来说，是想要努力攒钱
购买的奢侈品。
绝对不能辜负
他们的期望。

防锈处理就
不要做了吧？

可靠性与耐久性在十年后
一定能够体现出其价值，
所以绝对不能妥协！

丰田的独到之处

真诚对待顾客才能获得顾客的信赖！

20

将所有相关人员都看作顾客，取得所有人的信赖

通过融入当地社会使新工厂走上正轨

丰田生产方式对“顾客”十分重视。这里所说的“顾客”不仅仅是那些直接关系到公司业绩的消费者，还包括与丰田相关的所有人员。也就是说，丰田力求与所有人都建立起相互信赖的关系，绝对没有丝毫的懈怠。尽管这样做的成果不会立刻表现在业绩上，但是会在未来取得巨大的回报。

在进军海外市场时也一样。绝对不能天真地认为，一款在国内畅销的汽车只要进军海外市场就能够变得更加畅销。**在进军海外市场之前，必须先从为目标市场所在的国家做贡献、融入当地社会开始。**

1987年，丰田在美国肯塔基成立工厂的时候就是如此。时任丰田总裁的丰田章一郎先生对美国工厂负责人张富士夫先生这样说道：“美国人认为日本人抱团很不好，所以你们去了之后最好住得分散

一些。”

美国人很重视自己生活的社区，所以对丰田这个外来者是否有在当地扎根的态度十分关注。如果不假思索地将在日本的做法直接生搬硬套上去，就很难与美国人建立起相互信赖的关系。

赴任之初就和美国人生活在一起的张先生心中也有些许的不安，但他还是通过坚持参加社区活动以及以个人身份彻底融入当地生活的做法获得了美国人的信赖。

很快，张先生的努力就得到了回报。

在工厂成立之初都选择远距离通勤的美国员工，在工厂成立两年之后纷纷搬迁到工厂附近。又过了一年，丰田工厂周边的社区里出现了不少怀孕的女性。张先生花费数年时间融入美国社会的努力终于取得了成效，他说“这是美国人信赖丰田最好的证明”。

要根据当地的实际情况改变思维

奥田硕先生从1972开始在菲律宾的马尼拉生活了7年的时间，他当时的工作是向马尼拉当地的一家汽车公司追缴拖欠的资金。这可以说是一项非常棘手的工作，他也正是因为出色地完成了这项工作，所以后来才能够成为丰田的总裁。

奥田先生的武器是庞大的人脉。**虽然奥田先生读过很多书，拥有非常丰富的知识积累，但他也清楚地知道只有在现场才能获取到最重**

要的信息，所以如果有必要的话，他敢于前往任何地方会见任何人。他因为人脉十分庞大甚至被称为“情报先生”。有一次，他在一桥大学的后辈找到他，想让他帮忙在马尼拉成立一个同学会，奥田先生却这样说道：

“如果你有这种闲工夫的话，不如多去和菲律宾人接触接触”。

丰田章一郎先生也说过这样的话。

“从策划和设计阶段开始就应该在当地进行。也就是说，要彻底地实现当地化。因为就算在当地生产的零部件比率提高了，但如果仍然坚持日本式的理念，那么最后生产出来的汽车还是会有浓浓的日式痕迹。所以最重要的一点在于，不管在世界上的哪一个国家，都要努力为当地做出贡献。”

取得成果的工作术！

要想获取当地人的信赖，就必须以真诚的态度与当地人进行交流。“现地现物”是丰田生产方式的基本原则，这不仅指物品，也同样适用于人。只有在现场才能获得最重要的信息，而信赖则能够使成功长久地持续下去。

重视信赖关系能够取得巨大的成果

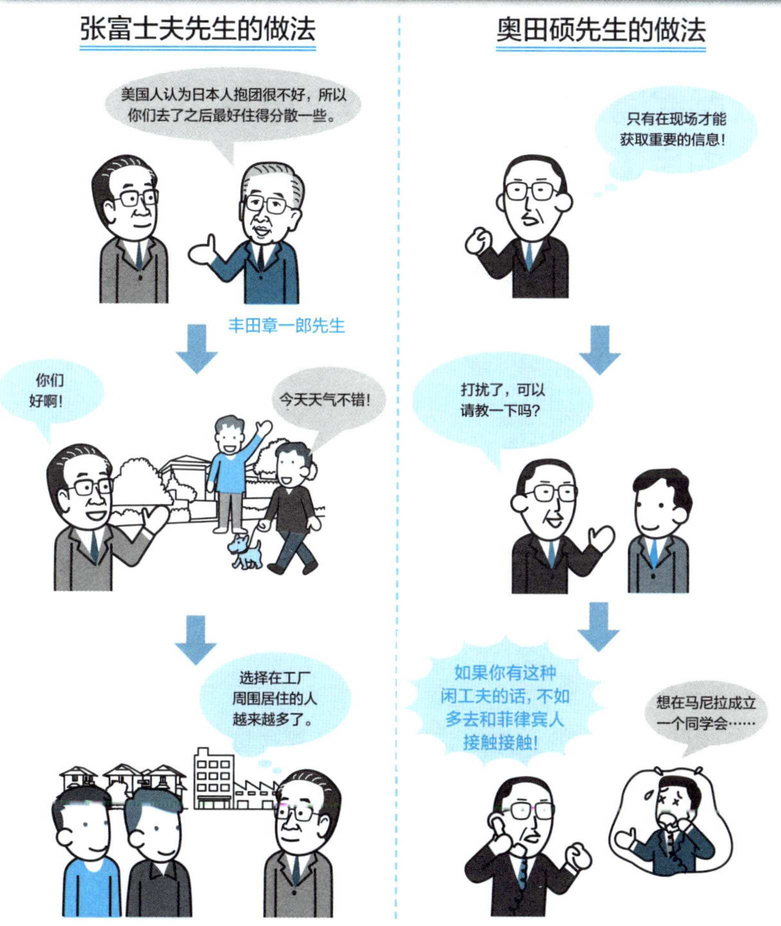

张富士夫先生的做法
美国人认为日本人抱团很不好，所以你们去了之后最好住得分散一些。
丰田章一郎先生
你们好啊！
今天天气不错！
选择在工厂周围居住的人越来越多了。
奥田硕先生的做法
只有在现场才能获取重要的信息！
打扰了，可以请教一下吗？
如果你有这种闲工夫的话，不如多去和菲律宾人接触接触！
想在马尼拉成立一个同学会……

丰田的独到之处

在“人”的方面也要贯彻“现地现物”的原则

21

将让顾客满意加入日常工作之中来，工作的后工序也是“顾客”

让接手自己工作的人感到愉悦

丰田生产方式的特征在于，将自己工作的“后工序”也当作“顾客”看待。

正所谓“前工序是神，后工序是客”。将自己做不到的事情做完后交给自己的前工序是如同神一般的存在，而接手自己工作的后工序就像是非常重要的顾客。

或许非生产部门和一部分生产部门的人对这句话的感触不是很深，但记住这句话一定能够对你们的工作有所帮助。

在丰田生产方式之中，不管什么工作都一定存在后工序这个“顾客”，所以在进行工作的时候一定要保持思考“我现在的目的是什么”“我的顾客是谁”。

在齿轮领域十分著名的牧泰希先生曾经有过这样的经历。牧先生刚入职的时候从事的工作是在技术部对变速机进行振动试验。当他向上司报告工作情况的时候，上司这样问道：

“你工作的目的是什么？请你思考一下这个问题。”

“是对振动进行测试。”

听到牧先生的回答后，上司说道：“你将目的与手段混为一谈了。工作的目的是让顾客感到愉悦。”

接着上司又补充道：

“你要让接手你工作的人认可你工作的价值并且感到愉悦。这也会使你获得满足感。这才是工作的目的。”

盈利固然重要，但最终的目的是让顾客得到满足

工作是人与人之间的交流，是从一个人的手中交到另一个人的手中。所以**工作中最重要的一点，就是要为接手自己工作的人着想，让对方在接手工作之后能够“顺利”地继续工作。**工作的直接动机是“盈利”或者“完成上司交给的任务”。但最终的目的却是让顾客得到满足。

上司的责任之一就是让员工认识到“顾客”也包括后工序。丰田为了让员工们认识到这一点，导入了让所有部门的人都在同一个楼层内工作的大空间制度。因为不同部门的员工都在一起工作，所以一旦遇到问题，能够及时地将其解决。这样一来，与后工序和前工序之间

的交接也就变得更加顺畅。

现在，很多企业都将不同的部门分配在不同的楼层，或者用隔断将不同部门分隔开。但实际上，消除这种物理的阻碍，可以使员工更好地把握工作的流程，更有效率地取得工作成果，使工作进展得更加顺利。

有一家曾陷入经营危机的企业，后来在公司内部设立了一个让大家可以畅所欲言的场所。结果部门之间原来互相推卸责任的情况一下子都消失了，员工们全都齐心协力地为重振公司而努力。当然，这个例子并不是说只要大家在一起加强交流就能够让公司起死回生，但至少这可以使员工们产生强烈的集体感。

取得成果的工作术！

在工作的时候不能漫不经心，而应该思考“我的顾客是谁”“我能为顾客做些什么”“工作真正的目的是什么”。这种思考能够使工作变得更有意义，还可以在工作中发现许多改善的灵感。

“后工序是客”

什么是丰田生产方式的顾客？

你工作的目的是什么？

是对振动进行
测试。

你要让接手你工作的人认可你
工作的价值并且感到愉悦，
这也会使你获得满足感。

原来如此！

接手自己工作的后工序就像是非常重要的顾客

丰田的大空间制度

与A公司联系了吗？
那项工作怎么样了？
要是今天做不完
可就赶不上工期了！
我们委托给你们的工作
还没做完吗？
这时间太紧了！

消除物理的屏障可以使员工们更好地把握工作的进展情况

丰田的独到之处

与前工序和后工序保持良好的沟通

专栏：丰田生产方式的故事2

不要失去挑战者心态，时刻保持学习的态度

丰田为什么要和美国的电动汽车专业生产厂商特斯拉汽车合作呢？

丰田一直以来都认为燃料电池汽车比电动汽车更有发展潜力，但特斯拉汽车的创始人埃隆·马斯克改变了丰田的这一看法。

马斯克同时也是得到NASA（美国国家航空航天局）大力支持的太空探索技术公司（SpaceX）的创始人。他在2008年开发出了运动型的电动汽车“Tesla Roadster”。

Roadster是一款非常优秀的电动汽车，不但造型美观，而且从行驶距离到加速性能，完全打破了传统电动汽车给人带来的负面印象。据说Roadster一上市，包括莱昂纳多·迪卡普里奥在内的一众好莱坞明星都将自己的座驾从普锐斯换成了Roadster。

然而，丰田在当时并没有对特斯拉表现出过多的关注。尽管丰田

认可Roadster的性能，但只是将其看作是“有钱人的玩具”而已。

不过后来发生的一件事让一切都发生了改变。丰田与通用汽车共同出资在美国加利福尼亚州成立了NUMMI（新联合汽车制造公司），但通用汽车在2009年宣布撤资。出于对当地员工负责的态度，丰田方面难以做出关闭工厂的决定。2010年4月，特斯拉汽车表示“对NUMMI的场地有兴趣”，而就在一个月之后，丰田宣布了与特斯拉汽车进行合作的消息。

保持挑战精神尤为重要

丰田之所以在如此短的时间内就做出了决定，是因为时任总裁的丰田章男先生对Roadster一见倾心。丰田章男先生本来就是一位爱车之人，甚至作为赛车手参加过比赛。当他握住Roadster的方向盘时，非常惊讶地表示“感受到了一种前所未有的新感觉”。而马斯克身为一位著名的创业家，对丰田生产方式也颇感兴趣。

在提到双方合作的原因时，丰田章男先生这样说道：“我们想从对方身上学习他们的挑战精神。几十年前丰田也曾经是一名挑战者。现在我们要重拾这种精神，再次尝试挑战。”

特斯拉汽车成立于2003年，员工只有几百人。而丰田成立于1937年，作为日本最有代表性的企业之一，拥有大约七万名员工，如果算上相关企业的话，员工数量更是多达三十四万人。从规模上来说，两家企业简直完全无法相提并论。

即便如此，丰田章男先生却非常谦虚地说“要从对方身上学习”，这究竟是为什么呢？

一方面，随着企业的不断成长，挑战精神会越来越薄弱。为了防止出现这种情况，丰田在坚持实践丰田生产方式的同时，还会通过向多方学习和吸取经验的方式来保持挑战精神。特斯拉汽车就是一个很好的学习对象。

另一方面，像特斯拉汽车这样的初创企业，很容易遭遇信用额度和资金不足等问题。

丰田与特斯拉的合作可以说互相弥补了对方的弱点。丰田通过与特斯拉的合作加快了对电动汽车这一环保型汽车的开发速度，而特斯拉则通过与丰田的合作获得了更高的信用额度以及丰田生产方式的量产技术。

通过这样一个双赢的合作，丰田获得了重拾挑战精神的机会。

尽管在2014年8月，特斯拉汽车宣布停止与丰田的合作，但在与特斯拉合作的这段时间所学到的宝贵经验，一定能够继续为丰田带来崭新的成果。这也正是丰田之所以能够长期领跑于世界前列的秘诀。

第三章

取得优异成果的“竞争力开发法”

TOYOTA

22

吸引顾客才能在竞争中获胜，降价无法培养竞争力

用“高价”来培养竞争力

或许有人认为通过降低价格来提高销量就能够在竞争中获胜，但是这种方法不可能一直奏效，总会有无以为继的时候。

只有在自己的商品价格比竞争对手更贵的时候才能够培养出竞争力，反之则无法培养竞争力。

价格竞争是非常可怕的。因为价格战会使企业元气大伤，一旦在价格战中落败往往会遭到非常沉重的打击。要想获得顾客的青睐、在竞争中获胜，关键在于提高产品和服务的质量，而价格战可以说是背离了商业活动的本质，让人迷失工作的方向。

在开发第九代卡罗拉的时候，吉田健先生反复地向经销商的高层宣传卡罗拉的新理念，但对方却并不买账，纷纷提出以下的意见。

“反正还是卡罗拉吧，关键在于降低价格。与其宣传理念不如降

低价格。”

经销商对新卡罗拉的设计也很不满意。尽管新卡罗拉与之前的卡罗拉相比有很大的进步，但被过去的成功经验束缚的经销商们还是对新卡罗拉持怀疑的态度，认为“这样一来顾客岂不是都流失了嘛”。

懂得宣传产品的价值才是专业的销售人员

吉田先生见说服不了经销商的高层，只能将希望寄托在现场的销售人员身上。他在周日借用了测试车道，让销售人员亲身感受了一下新卡罗拉的过人之处。只要能够让销售人员们喜欢上新卡罗拉，那么这款车就一定能够畅销。

他这样对销售人员说道：“这就是我想拜托你们销售的汽车。你们都是专业的销售人员，对吧？只有了解这辆车的价值然后以此为卖点才是专业人士，靠降价来销售绝非专业人士所为。”

汽车销售的竞争十分激烈。要想在与众多汽车销售店和二手车销售店的竞争中取得胜利，价格优惠当然是必不可少的手段之一。

但是，仅凭降价是无法培养竞争力的。只有让销售人员自己都觉得“我也想买这辆车”“我想开这辆车”，才能让顾客相信“这是一辆好车”，然后以价值而非价格作为购买的首选理由。

只有这样才能够真正地培养出竞争力。

很快，经销商的高层们也认可了新卡罗拉的价值。第九代卡罗拉终于开始正式向市场进军。

培养竞争力不只是销售方面的问题，而是整个公司都要面对的问题。只有连生产者自己都认为是“优质、有价值、想使用”的产品，才是顾客“喜欢、想购买、想使用”的产品。

取得成果的工作术！

销售人员必须牢记，只有连自己都喜欢的产品，才能真心实意地卖给顾客。而技术人员和现场的生产者则应该以生产具有划时代意义的产品为最大的追求，如果能够做到这一点，那就可以在没有竞争对手的原野上飞速前行。

只有以价值为卖点才能培养真正的竞争力

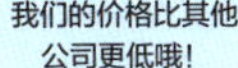

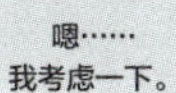

我们的价格比其他
公司更低哦！

我考虑一下。

请一定要尝试下这款
商品，绝对不会后悔的！

我考虑一下。

以“比其他公司更便宜”为卖点无法培养竞争力

开发第九代卡罗拉时的故事

反正还是
卡罗拉吧！
理念什么的
无所谓了！
价格才是
最大的问题！
请试驾一下，
了解这辆车真正的价值。

“连自己都想购买”的心情也会对顾客产生影响

丰田的独到之处

培养竞争力需要整个公司一起努力

23

敢于尝试超越自身极限的事情，尝试做不到的事情才能够培养竞争力

要想扩大销量，首先要扩大市场

第一代卡罗拉的开发可以说是丰田破釜沉舟的一次赌博。当时丰田小型汽车的主力车型是皇冠，紧接着是PUBLICA和科罗娜（CORONA），这些车型的销量都非常好，1962年，丰田在大众汽车市场上的占有率甚至达到了74%。

但是，随着竞争车型不断出现，丰田清楚地知道自己的领先位置并不安稳。

为了增强自身的竞争力，卡罗拉肩负着两个非常重要的责任。一个是“保证具有压倒性优势的市场占有率”，另一个是“引发购车热潮，扩大市场”。

丰田能够开发出如此成功的汽车吗？1963年，丰田英二先生对担任第一代卡罗拉总设计师的长谷川龙雄先生这样说道：

“在开发的时候必须时刻牢记，技术是为商品服务的。我们一定要让这辆车引发购车热潮。”

丰田英二先生为了生产卡罗拉专门新建了两家工厂，分别是负责制造发动机的上乡工厂和负责组装的高冈工厂，希望月产量能够达到两万辆，而当时丰田总共的生产能力是月产四万辆。也就是说，丰田一口气增加了两万辆的产能。一旦卡罗拉失败，那么这些过剩的产能设备会使丰田一下子陷入经营危机。

毫无疑问，长谷川先生面临着巨大的压力。为了能够生产出畅销的汽车，他只能夜以继日地工作。

有时宣传政策比技术更重要

某一天，第一代卡罗拉的开发项目组忽然接到丰田英二先生的指示，要求将汽车排气量从1 000cc提高到1 100cc。因为丰田的竞争对手日产阳光（Sunny）的排气量是1 000cc，丰田英二先生要让卡罗拉的排气量比日产阳光更高。

发动机部门主管天野益夫并不赞成丰田英二先生的决定，因为在最终阶段变更设计具有极大的风险。况且，即便提高100cc的排气量，汽车的性能也不会发生太大的改变。

丰田英二先生当然也很清楚这一点。即便如此，他还是决定将排气量提高100cc，因为丰田必须在宣传上与日产阳光拉开差距。长谷川先生接受了丰田英二先生的决定，他这样说道："这不是技术上的问题，而是非常具有政治眼光的判断。丰田将未来都押在了卡罗拉的身上。"

1966年，比日产阳光晚发售半年的第一代卡罗拉尽管价格比日产阳光稍微高了一些，但"多100cc的从容"这一宣传取得了成效，最终卡罗拉实现了预期的销量，并且成为能够代表20世纪的汽车之一。

技术是为商品服务的，拥有这种意识的技术人员才是具有竞争力的技术人员。

取得成果的工作术！

卡罗拉之所以畅销并不是因为乘上了购车热潮的东风，应该说是卡罗拉的发售引发了购车热潮才更为贴切。尽管努力使产品能够赶上热潮也无可厚非，但只有凭借自己的力量引发热潮才能够获得更多的利益。

技术是为商品服务的

丰田英二先生的决断与长谷川龙雄先生的坚持使赌上丰田未来的第一代卡罗拉取得了成功

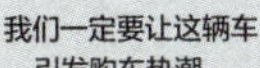
我们一定要让这辆车
引发购车热潮。

必须开发出能够
畅销的汽车才行!

日产阳光是1 000cc的话
卡罗拉就要1 100cc!

哎?

这不是技术上的问题，丰田将
未来都押在了卡罗拉的身上，
所以必须这样做!

丰田的独到之处

身为技术人员要时刻将“生产畅销产品”的目标放在心头

24

品牌效应源自独特性，绝对不能一味地模仿

仅凭信赖难以实现品牌效应

品牌效应一旦确立就可以使产品具有很强的竞争力，但通往品牌效应的道路却充满艰难险阻。

比如在中国市场，最受高端消费者欢迎的豪华汽车是以奔驰、宝马、奥迪等德国车为代表的欧洲车。美国车和日本车要想进入这一市场可以说是非常困难。

事实上，这种情况在全世界范围内都普遍存在，而坚持不懈向德国车的高端车地位发起挑战的就是雷克萨斯。

1989年，雷克萨斯第一次进军北美市场。在此之前，美国人一直认为丰田是一家“生产卡罗拉和卡车的公司”，但雷克萨斯的出现一举改变了美国人对丰田的品牌认知，并且很快成为北美市场最畅销的豪华汽车。可以说，雷克萨斯取得了巨大的成功。

然而即便在北美，价格超过十万美元的超豪华汽车市场仍然是奔驰等欧洲超高级汽车的天下，雷克萨斯难以望其项背。

雷克萨斯的品质在全球市场都有口皆碑。既然如此，为什么雷克萨斯的品牌效应不如德国车呢?

宝马的高层曾经说过这样一句话：“购买宝马的顾客与购买雷克萨斯的顾客所追求的东西是不一样的。”顾客之所以购买欧洲产的超豪华汽车是因为那些车是“成功者的标志”，与之相对的，顾客购买雷克萨斯的理由则是出于对丰田品质的信赖。雷克萨斯虽然赢得了消费者的信赖，却并没有确立起品牌效应。

要想战胜对手就必须追求自己的特色

丰田在2003年打算正式将雷克萨斯投入日本市场时，制定的目标是“战胜欧洲超豪华汽车”。

究竟应该怎样做才能实现这一目标呢？担任雷克萨斯中心负责人的吉田健先生打算专程前往欧洲去寻找解决问题的方法。如果去雷克萨斯十分畅销的美国，听到的肯定都是赞美之词，相反，如果去雷克萨斯知名度并不高的欧洲，那么听到的肯定都是很尖锐的批评吧。但是或许提高竞争力的秘诀就隐藏在其中。

吉田先生前往欧洲各地拜访汽车经销商，得到的回答是“感觉你们一直都在模仿”。也就是说，在顾客眼中，雷克萨斯只不过是奔驰和宝马的模仿者罢了。

“我们绝对不要做模仿者！”吉田健先生的决心也成了雷克萨斯的开发宗旨。

要想战胜欧洲汽车就绝对不能模仿欧洲汽车，而应该发挥出日本汽车的特色来。从此，开发团队就开始追求“真正的日本特色”。

本田的创始人本田宗一郎先生经常把“不要跟在别人后面”这句话挂在嘴边，他最讨厌模仿，因此一直坚持原创。丰田自创业以来也坚持“自主研发”的方针，即便如此，丰田仍然经历了十分漫长的时间才终于成长为世界著名品牌。

取得成果的工作术！

模仿者哪怕模仿得再像，也不可能战胜走在前面的王者。要想战胜王者，就必须追求自身的独特性。模仿和直接购买现成的技术或许会很轻松，但这样做无法打开通往未来的大门。

确立品牌效应的道路

雷克萨斯在北美市场遇到的难题

通往品牌效应的道路充满艰难险阻

在欧洲找到提高竞争力的秘诀

丰田的独到之处

只有追求独特性才能够实现品牌效应

25

模仿只能“追赶”对手，凭借自身的力量才能够实现“超越”

与向别人请教相比，凭借自己的力量解决问题更加重要

“身为技术人员的自尊心不允许我按照别人画出的图纸来设计汽车。”

这是第一代卡罗拉总设计师中村健也先生说过的一句话，也是最能说明丰田坚持自主研发的一句话。他还继续这样说道：“如果使用外国生产商提供的图纸，那我们的工作岂不是毫无意义？技术只有经历不断的尝试和失败才能够得到进步。与向别人请教相比，凭借自己的力量解决问题更有价值。”

虽然如今日本已经拥有世界一流的技术实力，但日本也曾经在欧美企业的身后拼命追赶。要想追上欧美企业有两条路：一个是与欧美企业合作，引进对方的先进技术；另一个则是坚持自主研发。

1910年创业的日立就选择了后者。当然，日立创业之初遭遇了连

续的失败，甚至达到了“如果将失败导致的损失累积起来，与盈利后赚到的钱刚好抵消”的程度。

然而日立的相关人员却深深地感到，与学习外国的先进技术相比，自主研发虽然困难重重，但是能够更好地提高自身的技术实力。

自主研发虽然初期困难重重，但绝不会成为不利因素

丰田对此也持同样的看法。

丰田的创始人丰田喜一郎先生非常重视“日本人的头脑和技术”。不管是汽车的制作方法还是工厂的生产方式，都要拥有自己独特的做法。

丰田生产方式的观点是，只有在自己拥有一定技术基础的前提下进行合作，才能够实现平等的合作。如果直接导入先进的技术而没有经历过失败的话，就无法进行改善。只有经历过失败和挫折才能够在真正意义上掌握技术。

1952年，距离日本战败仅仅过了七年，丰田已经开始进行皇冠的开发。

当时日本的汽车制造水平与欧美相比可以说有十年以上的差距。

为了弥补这巨大的技术差距，日产、五十铃、日野等同行业其他企业都选择了与外国汽车生产商合作的道路。但是，丰田却坚持自主研发的道路。

当然，在丰田内部也有反对的声音。因为自主研发需要耗费大量的时间和金钱，而同行业的其他竞争对手很有可能趁此机会占据领先位置，从而威胁到丰田未来的发展。

但丰田英二先生却力排众议，坚持选择了自主研发的道路。他认为自主研发虽然在初期困难重重，但是能够在真正意义上提高自身的技术实力，而且自主研发绝对不是不利因素，不会对企业未来的发展带来负面的影响。

是否应该重视未来的竞争力？是否应该用更加长远的眼光来选择在竞争中取胜的方法？从丰田的今天来看，或许在某种程度上，答案是显而易见的。

取得成果的工作术！

遇到问题的时候向别人请教固然十分轻松，而且也不必害怕失败。但是这样做不但失去了自主思考的机会，也无法通过试错的过程来获取经验。尽管不用任何事情都自力更生，但至少要在其中加入一些自己的智慧。而自己的技术水平就会在这样不断的积累中越来越高。

向别人请教的“危险性”

日立提高技术的方法

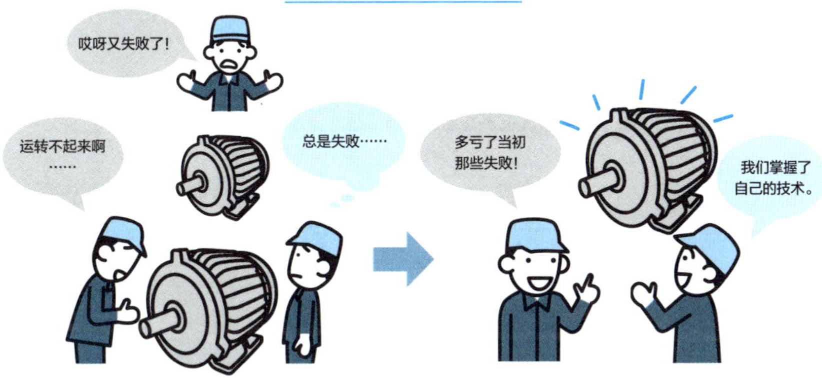

只有通过不断的尝试与失败，技术才能够得到进步

在一片反对声中开始自主研发的第一代皇冠

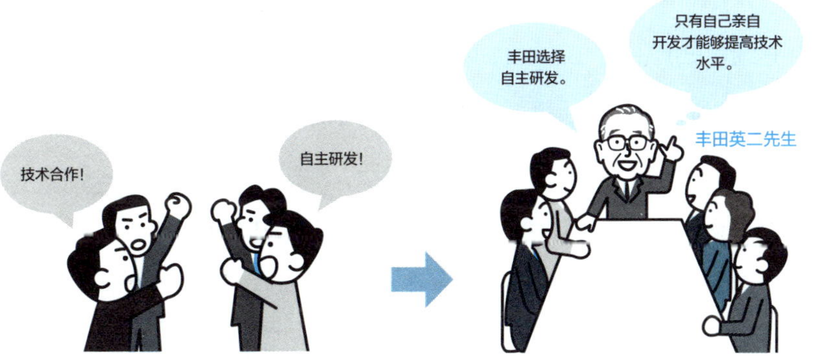

丰田的独到之处

大胆地选择充满荆棘的道路，掌握真正的力量！

26

不要只与行业第一进行比较，比较后更重要的是对自身进行改善

丰田生产方式改善的武器就是不断地进行标杆学习

只要对一流企业和飞速发展的企业进行观察就会发现，说这些企业“拥有强大的竞争力”是不准确的，因为在绝大多数情况下这些企业都“拥有压倒性的竞争力”。

连续推出iPod、iPhone、iPad时期的苹果就是绝佳的例子。同行业的其他竞争对手完全无法追上苹果的脚步，甚至只能带着期待去猜测苹果接下来还会推出什么产品。

对于苹果来说，史蒂夫·乔布斯这个天才就是其竞争力的源泉。那么，丰田生产方式竞争力的源泉是什么呢？答案是“持续不断的标杆学习”。

所谓标杆学习，就是寻找拥有“最有效率的方法”“最低成本的产品”等最高水准的目标，然后通过将自身与对方进行比较，找出相

互之间的差距并且将其弥补，从而实现成长的改革方法。

丰田在自身的规模还很小的时候，就通过与销售额比自己高出几十倍的通用汽车进行成本比较来寻找改善点。不只生产部门，非生产部门和销售部门也都采用了同样的方法。

这个看似理所当然的做法实际操作起来非常困难。一般情况下，不应该与行业第一进行比较，而应该与自己当前的竞争对手进行比较。因为如果一上来就与最高水准相比，那么两者之间的差距悬殊，容易影响到自身的工作积极性。与自己当前的竞争对手进行比较，循序渐进地提高或许是更加明智的做法。

但这就是丰田生产方式，甚至可以说丰田正是通过这种笨拙的方法才取得了今天的成功。

要想成为第一，还需要从其他行业中学习经验

“只成为汽车行业的第一是远远不够的，要将所有的服务行业都视为对手。”

这是雷克萨斯销售部门负责人横井靖彦先生所说的话。横井先生的目标是“让顾客获得最大限度的满足”。这样的话，标杆学习的对象就不能只局限于汽车行业，还需要向其他行业之中的佼佼者学习，比如美国最好的连锁百货商店诺德斯特龙（Nordstrom）、全世界最高档的酒店丽思卡尔顿（Ritz-Carlton）。只有这样，才能够全方位地提高

服务质量。

横井先生在担任雷克萨斯销售部门负责人的时候，阅读了大量关于品牌和服务的书籍。他阅读这些书并不是为了获得关于汽车销售的知识，而是为了了解那些以无微不至的服务而闻名于世的企业究竟如何思考、工作以及接待顾客。

尽管丰田现在已经成长为世界一流的汽车生产商，但放眼世界，还有很多更好更便宜的商品。“提供更好更便宜的产品”这一从创业初期就坚持贯彻的思想，一直都未曾改变。

要想提高竞争力，这种思想非常关键。因为只有认识到自身存在的不足，才能够为了弥补不足而努力。

取得成果的工作术！

你是否在公司里向自己的同事、上司或者后辈学习过经验？或者从你的交易对象身上学习过经验？标杆学习的对象无处不在。如果不想做一只井中之蛙，那就将目光转向大海，坚持进行标杆学习吧。

竞争对手是“最高水准”

丰田生产方式的标杆学习法

将销售额比自己多几十倍的企业看作竞争对手！

竞争对手是所有行业

店铺、人员、服务，要想全方位地提高并不容易

丰田的独到之处

寻找标杆学习的目标时，要放眼世界

27

大胆进行挑战，失败是成功之母

商机十分重要，没有业绩就难以进行竞争

从日本通用汽车辞职然后来到丰田担任销售负责人的神谷正太郎先生，早早地就开始思考将丰田汽车出口到美国的计划。他之所以有这样的考量，是因为汽车属于国际商品，所以出口是必然的选择。但是，丰田却对进军美国市场有所顾虑。

第二次世界大战之后，美国市场对小型汽车的需求与日俱增，但美国本土的生产商通用汽车和福特汽车并不擅长生产小型汽车，这就导致欧洲生产商的小型汽车迅速地占据了美国市场。精通英语并且熟悉美国市场的神谷先生知道，随着进口汽车的不断增加，美国市场肯定会对进口加以限制，到了那个时候，没有任何业绩的日本汽车或许就永远也无法走进美国市场的大门。

为了防止出现这种情况，尽管丰田当时还没有能够在美国市场上

与欧洲车一较高下的产品，也还是决定要大胆地向美国市场进军，总之要先取得业绩才行。神谷先生在董事会上提出进军美国市场的方案时，大家都认为“应该再观望一段时间”，而神谷先生则用“商机十分重要”的理由说服了大家。

丰田将皇冠选为进军美国市场的第一款车型，并且在1957年正式开始向美国出口。

通过失败可以找到克服弱点的方法

但是，担任皇冠总设计师的中村健也先生的心中充满了不安。

皇冠是以在日本恶劣的路况上行驶为前提设计的汽车，并没有考虑到在美国的高速公路上行驶的情况。身为技术负责人的丰田英二先生当然清楚这一点，但他认为让皇冠进军美国市场有助于提高自身的技术实力。

皇冠登陆美国市场之初，消费者对其的评价还是比较高的。但很快美国的消费者们就发现，当皇冠在高速公路上行驶的时候，发动机声音会变得非常嘈杂，而且动力也开始下降、故障频发。正如中村先生担心的那样，这些问题都是发动机动力不足导致的。结果皇冠在美国市场一败涂地。

神谷先生对失去信心的部下加藤诚之先生（后来担任丰田汽车销售总经理）这样说道：“皇冠只要能卖出去一百辆……不，五十辆就行。只要有卖出去的业绩就行。”

丰田在皇冠之后又向美国市场追加投放了科罗娜，结果同样不适合美国市场。丰田汽车在美国的销售陷入了危机，为了解决这一问题而前往美国的丰田英二先生心中这样想道：

“进军美国市场的时机绝对没有问题，失败是由于皇冠和科罗娜的设计并不适合美国市场，所以我们现在需要解决的问题是生产出适合美国市场的汽车。”

1965年，丰田用专门面向美国市场设计的第三代科罗娜和卡罗拉再次向美国市场发起挑战。这次丰田在美国的销售终于走上了正轨，也使得丰田终于开始拥有了国际竞争力。

取得成果的工作术！

虽然汽车从整体上来看属于国际商品，但在道路行驶这一点上却是需要特别重视本地化的商品。如果不能针对不同地区的特点生产出合适的汽车，那就无法实现全球化。要想在全球范围内展开竞争，就必须同时做好全球化和本土化。

就算明知道会失败也要大胆地进行挑战

神谷正太郎先生为了取得业绩，即便面临严峻的状况仍然坚持进军美国市场

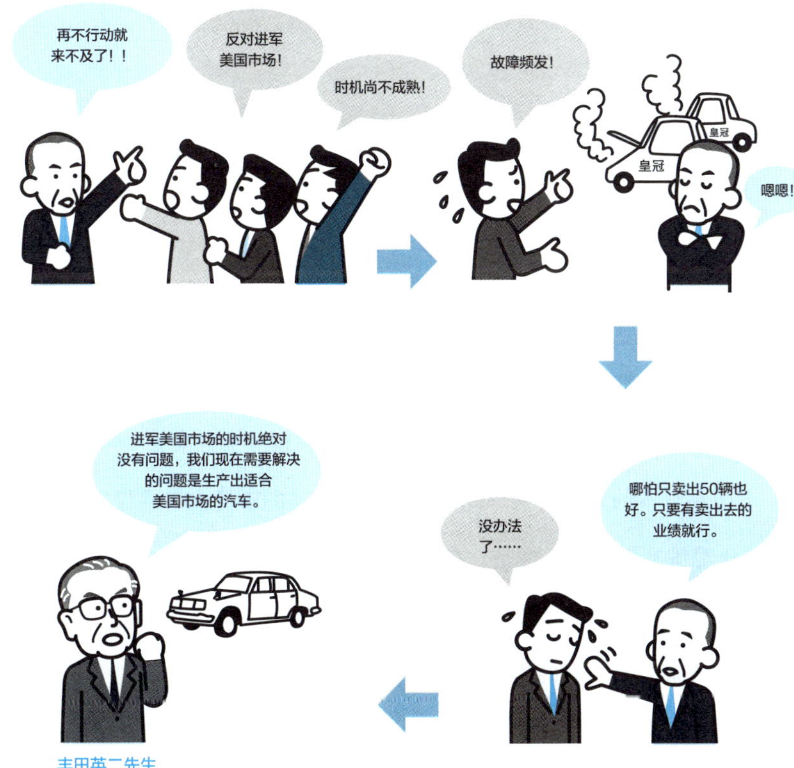

丰田英二先生

丰田的独到之处

哪怕毫无胜算，在应该采取行动的时候也要鼓起勇气

28

制订远大的计划，脚踏实地地执行

今天的辛苦是为了将来的成功

虽然丰田现在是全世界排名第一的汽车生产商，但并不意味着丰田在所有的领域都是第一。因为在日本和美国畅销的汽车，拿到欧洲和中国市场上却可能卖不出去，这种情况在汽车行业十分常见。

丰田在日本的市场占有率高达40%，在北美的市场占有率仅次于美国本土品牌通用汽车。但是，在欧洲的市场占有率却仅有5%。

丰田的员工经常会在外国的街头观察马路上行驶的汽车，结果发现在某些国家，平均一百辆汽车里才有一辆丰田品牌的汽车。也就是说，虽然丰田汽车在全世界范围内的总销量是最高的，但在欧洲等个别地区的市场占有率却非常低。

如今丰田在欧洲的市场占有率只有5%，但如果追溯到更早以前，丰田的市场占有率比这个数字还要低。1997年横井靖彦先生前往欧洲赴任时，丰田在欧洲的市场占有率不到2%，影响力微乎其微。

横井先生被赋予的任务是在2005年之前将市场占有率从2%提高到5%。将前人们几经努力都无法提高的数字在如此短的时间内翻一番，听起来是一个不可能完成的任务，但横井先生却对他的团队成员这样说道：

“等到十年、二十年之后会有人说，‘丰田在欧洲之所以能有今天，都多亏了当年的那些人’。让我们为此而努力奋斗吧！”

丰田的竞争力是30年不断积累的成果

远大的计划不可能仅凭短时间的努力就取得成果。在努力实现计划的过程中，有时候可能一切顺利，也有的时候可能会一败涂地。但不管成功还是失败，关键在于时刻牢记自己的目标，脚踏实地地前进，那么你的努力一定能够得到其他人的认可。

横井先生的话极大地鼓舞了团队的士气。虽然想要提高丰田在欧洲的市场占有率十分困难，但在横井先生团队的不懈努力之下，市场占有率终于开始缓步提高。

大野耐一先生将丰田生产方式称为“基础工程”。因为在公司发展一帆风顺的时候，很难看出丰田生产方式真正的价值。坚持丰田生产方式不但难以立即取得成果，有时候甚至还会遭到强烈的抵抗。但是，如果基础工程没有做好，那么一旦到了关键时刻，上层建筑就会轰然倒塌。

丰田生产方式的价值在石油危机爆发的时候充分地显现了出来。在众多企业都出现亏损的情况下，丰田和丰田集团旗下的企业却一直保持着盈利。从此以后，人们对丰田生产方式的关注度一下子提高了上来。

大野先生在战后不久便将丰田生产方式导入企业的方方面面，而石油危机爆发是在1973年。

可以说，正是这近30年脚踏实地的实践，才使得丰田的竞争力得到了极大的提升。

取得成果的工作术！

要想提高竞争力并不容易，努力自然必不可少，但努力的成果却不会立即显现。也就是说，必须用长远的眼光来看待这个问题。努力和坚持对于提高竞争力都是必不可少的。

关键时刻需要咬牙坚持

丰田如何开拓欧洲市场

虽然成了世界第一，但在欧洲市场的影响却微乎其微。

等到十年、二十年之后会有人说，“丰田在欧洲之所以能有今天，都多亏了当年的那些人”。让我们为此而努力奋斗吧。

不管面对多么困难的局面也绝对不能忘记追求的目标

“丰田生产方式=基础工程”的真正价值

丰田的独到之处

制订远大的计划，脚踏实地地执行

29

借口是工作的天敌，一旦开始就要默默地做到最后

工作的本质就是克服困难

丰田虽然在日本和美国都取得了成功，却在欧洲陷入了苦战。生产出能够在欧洲市场上畅销的汽车是丰田长年的课题。

1995年，丰田为了开拓欧洲的小型汽车市场而开始了威驰（VIOS）的开发。这辆车不但要畅销，还要通过本地化生产实现盈利。

这可以说是一个难题。在当地修建工厂的话，要想收回成本就不是一件容易的事，更何况还要实现盈利。但是，在当地已经有许多汽车生产商都通过生产小型汽车实现了盈利。在这种情况下，丰田也没理由说自己就一定无法成功。

担任威驰总设计师的市桥保彦先生就没有找任何借口，他下定决心，既然接受了任务就一定要将任务完成。

然而这件事说起来容易做起来难。如果为了控制价格而过于压缩成本，那么生产出来的汽车就很容易变成“便宜货”，难以吸引顾客购买。但反之，也并不是说投入的成本越高，造出来的汽车就越好。

与此同时，威驰还必须能够战胜其他汽车生产商制造的小型汽车，这些小型汽车在经历过欧洲市场的洗礼之后已经十分成熟。可以说丰田在欧洲市场的开拓之路遍布荆棘。

坚持挑战，克服困难

负责制造威驰发动机的并不是丰田，而是丰田集团旗下的大发汽车公司。丰田对大发下达了这样的指示：

“我们要生产的是一辆能够在全世界都通用的汽车。这辆车虽然小，但绝对不能是‘便宜货’。”

小型汽车一旦做不好，就会给人一种“因为买不起大车所以只能凑合买个便宜货”的感觉。但这种情况是丰田不愿意看到的。

市桥先生这样说道：“必须让这辆车显得很高档，让驾驶这辆车的顾客脸上有光，绝对不能让顾客有‘自己开着一辆便宜车’的自卑感。我想让这辆车满足顾客的全部需求。”

经过市桥先生与其团队的不懈努力，威驰终于在1999年被选为“欧洲年度汽车”，销量甚至有赶超卡罗拉的势头。

在现实中，“难以进入的市场”和“不擅长的领域”确实客观存在。但是，要想在竞争中胜出，就绝对不能以这些情况为借口。只有坚持挑战，才有可能打开成功的大门。

取得成果的工作术！

绝对不能以“因为这是小型车”为借口而放松对汽车的要求，关键在于生产出让顾客“想驾驶”而且能畅销的汽车：准确地找出顾客的需求，然后适当地调整成本。虽然要想做到这两点并不容易，但工作的本质就是挑战难题、克服困难。

工作的本质就是克服困难

威驰为什么能够在欧洲取得成功

难以解决的问题比比皆是

但是一定要
完成任务

“难以进入的市场”“当地生产”“虽然是小型汽车但也不能是便宜货”，尽管面临着诸多不利因素，但只要坚持挑战就一定能够打开成功的大门

丰田的独到之处

不要给困难找借口，要充满信心地进行挑战

专栏：丰田生产方式的故事3

提升自己的人格魅力，让大家心甘情愿地为你工作

虽然随着技术的进步，生产行业在不断地发生着变化，但一直以来对领导者所需要具备能力的要求却并没有发生太大的改变。

生产的过程，就是物品从一个人手中转交到另一个人手中的过程。而领导者的责任就是让参与生产过程的所有人都心往一处想、劲往一处使。

然而，现在要想做到这一点或许比以前更加困难。因为现在即便大家都在同一个职场之中工作，雇佣形式却各不相同，跨国合作也是常有的事。所以现在的领导者必须更进一步提高自己的领导水平。

担任第一代卡罗拉总设计师的长谷川龙雄先生总结出了“总设计师的十条要求”。

丰田的总设计师虽然拥有很高的权限，但要想使设计团队、生产现场以及销售店全都团结一致、保持高涨的工作热情，那就不能过于

依赖权限，而必须通过语言和行动来赢得对方的信赖。

同时，领导者还必须具备让别人心甘情愿为你工作的人格魅力。

长谷川先生的“总设计师的十条要求”包括以下内容。

以成为最优秀的自己为目标的“总设计师的十条要求”：

第一条　总设计师必须拥有渊博的知识并且坚持学习；

第二条　总设计师必须拥有自己的主见；

第三条　总设计师必须拥有良好的调查网络；

第四条　总设计师必须为了取得优异的成果而倾注全部精力；

第五条　总设计师必须拥有坚持不懈的耐心；

第六条　总设计师必须拥有自信；

第七条　总设计师必须自己承担责任；

第八条　总设计师必须表里如一；

第九条　总设计师必须懂得随机应变；

第十条　总设计师必须拥有以下资质：

（1）知识（知识面要广）、技术力（推动工作进展的能力）、经验（根据实际情况设定工作难度的能力）；

（2）判断力、决策力；

（3）心胸宽广——来自经验、实绩（包括成功与失败）与自信；

（4）不感情用事、保持冷静；

（5）充满活力、不屈不挠；

（6）集中力；

（7）统率力——让别人都团结在自己的身边，向同一个方向前进；

（8）表现力、说服力——特别是对外部人员以及上司；

（9）灵活性——必要时就算颜面扫地也要及时撤退，把握时机非常重要；

（10）无欲之欲。

总体来说，总设计师必须拥有综合的能力，也就是“人格魅力”。

担任第一代“普锐斯”总设计师的内山田竹志先生也这样说道：

“与以前一样，总设计师的人格魅力和说服力都非常重要。一辆车的成功与否，可以说完全取决于总设计师的人格、耐性以及个人能力。”

最后需要的就是信念与热情。

第四章

必定取得成果的“创新方法”

TOYOTA

30

二选一只会让工作成果缩水，要想办法让两者兼得

通过重复“为什么”来找出解决矛盾的办法

在工作展开的过程中，经常会出现完全相反的两个要素。比如在汽车开发的过程中，虽然“提高车速”和“减少空气阻力”之间并没有矛盾，但“提高车速”和“保持车内安静”就是完全相反的两个要素。因为要想隔音效果好就必须增加车身重量，但这样一来势必会对速度造成影响。

丰田生产方式在遇到相互矛盾的A和B的时候，并不会牺牲其中之一，而是会思考让两者兼得的办法。也就是寻找一个“在A成立的前提下实现B”的方法。这也被称为“兼顾思想”。

第一代雷克萨斯的总设计师铃木一郎先生就拥有这种思想。

在雷克萨斯的开发过程中，铃木先生就提出，要比奔驰和宝马的车速更快、燃油利用率更高、更加安静、车身更轻。技术人员最初的

反应都是“苦笑”，因为这些目标都是相互矛盾的。然而铃木先生丝毫没有妥协，为了实现自己的目标，他要求技术人员首先转换一下自己的思想。

“从根源上采取对策”。

要想使车内更加安静而增加车身重量，这其实只是表面上的解决方法。产生噪声的原因在于发动机。如果能够开发出一台安静的发动机，那么就能够同时实现车身轻量化和车内安静化。这就是从根源上采取对策的方法。

丰田生产方式在遇到问题的时候，首先会重复多次“为什么”，从表面的原因中找出真正的原因（真因），然后再思考对策。所以“兼顾思想”也可以说就是丰田生产方式最基本的做法。

就算碰壁也绝对不能放弃

不过，也有不管重复多少次“为什么”都难以找出答案的时候。遇到这种情况的话，关键在于找出答案之前绝对不放弃的态度。

在雷克萨斯的开发过程中，丰田就遇到了需要同时实现“优美的车身线条”与“优秀的空气动力性能”的难题。尝试解决这一难题的是车辆实验部的炭谷圭二先生。然而，能够满足空气动力性能的车身不管怎么看都缺乏高级感，当他好不容易在两者之间找到一个平衡之后，其他部门的同事看了又说“缺乏新颖的感觉”“车身看起来显得小气”。

虽然炭谷先生进行了许多次尝试，但一直也没有取得令人满意的结果，就连他自己也有些气馁地说：“我再也想不出任何办法了。除了降低性能之外别无他法。”但铃木先生却这样鼓励他道：

“你怎么能放弃呢？空气动力性能是只有你能够解决的问题。充满自信地再多加尝试吧。”

在铃木先生的鼓励下，炭谷先生成功地实现了让空气动力性能与箱型车身共存的革命性设计。可以说雷克萨斯就是坚持追求矛盾共存的完美结果。

取得成果的工作术！

曾经有一位技术人员向大野先生抱怨课题太难没办法解决，大野先生的回答是“继续想办法，一直想到答案在梦里出现为止”。据说只要坚持思考，那么有一天答案真的会在梦里出现。绝对不能因为困难而放弃，要相信自己一定能够找到答案。

难以取舍的话就两个都选

绝对不能选择妥协，牺牲其中一方

开发雷克萨斯时遇到的“车身线条”与“空气动力性能”难题

感觉“再也没有办法”的时候坚持更进一步才能够取得成果

丰田的独到之处

创新来自“不妥协”“不放弃”

31

不要因为限制而放弃，要做到“自己满意为止”

任何工作都有限制，差距来自坚持

工作就是与限制之间的斗争。在很多时候就算你“想要做得更好”，但是往往会受到时间和预算的限制。

遇到这种情况的时候，有些人会选择妥协，而有些人则会选择坚持。至于谁能够在工作上引发创新、取得更好的成果，答案想必不言自明了吧。

负责第九代卡罗拉驾驶稳定性的小林直树先生是一个非常狂热的汽车爱好者，他在学生时代就用打工攒下来的钱买了一辆汽车。来丰田就职也是因为在这里可以从事与汽车相关的工作。

小林先生认为“汽车受路面条件影响很大”。因为受风力和交通状况影响，汽车在实际路面上行驶时的情况与在测试车道上行驶时的情况很不一样，据说就连保持直线行驶都很困难。

小林先生的目标是生产出一辆能够自己保持直线行驶的汽车，只要驾驶者不乱转方向盘，汽车就可以一直稳定地前进。

很快，这辆他自认为“比高尔夫更胜一筹”的改造试用车就造好了。卡罗拉的开发团队将这辆车带到欧洲去进行驾驶试验。

然而结果非常糟糕。尽管这辆车在设计和改造上都非常完美，但就是缺乏驾驶的稳定性。原来小林先生在设计前悬架的结构时选择了妥协的方案，导致车身刚性出现了不足。

不要对自己撒谎，扪心自问“是否应该选择妥协”

因为自己的失误导致开发团队白忙活一场，小林先生感到非常的内疚，于是他请求大家再给自己一次机会。

其实这辆试用车本身并没有失败，在正常行驶这一点上没有任何问题。

但小林却这样想：“选择妥协很简单，但这样做的话无法使自己满意。”

妥协还是坚持，这完全是个人意志的问题。只要肯坚持，就一定能够取得最好的成果。

小林先生选择了坚持，终于成功地生产出了令自己感到满意的卡罗拉。

在好不容易生产出试用车之后又提出“请再给我一次机会”需要

很大的勇气。因为这样做不但需要耗费更多的时间和成本，还会给其他同事增添负担。但是如果因为这些原因就选择妥协，那就相当于是在自己欺骗自己。因此，小林先生选择了坚持。

一旦选择了坚持，那就必须取得比之前更好的成果。只有能够做到这一点的才是真正的专业人士。

取得成果的工作术！

如果随随便便就选择妥协，那就只能随随便便地进行工作，取得随随便便的结果。要想让自己的工作更有价值，不会为自己的选择而后悔，那就必须拒绝妥协，坚持做到令自己满意为止。

你是否将工作坚持做到令自己满意为止了呢？

要想取得最好的成果，就必须坚持不懈，做到令自己满意为止

如果随随便便就选择妥协，那就只能随随便便地进行工作

丰田的独到之处

不要对自己撒谎！坚持不懈做到令自己满意为止

32

盲目地追求速度并不可取，打好基础、按部就班才是关键

打好基础才能实现飞跃

第一代普锐斯的总设计师内山田竹志先生原本是一名研发人员，并不是车辆设计部出身。他被任命为总设计师可以说是非常特殊的人事安排。

丰田之所以选中内山田先生有两个原因。一个是普锐斯是前所未有的新概念车，所以在设计和生产过程中离不开研发部门的支持。另一个是想要生产面向21世纪的新型汽车，就必须从根本上改变工作的方法。

内山田先生因为是研发人员出身，所以拥有一套独特的工作方法。一般情况下，如果工期紧迫的话，绝大多数人都会选择加快工作速度。但内山田先生却绝对不会赶工，他甚至会经常在工作的过程中停顿下来，然后对大家说：

“让我们再思考一下项目的根本目的。”

在普锐斯的开发过程中，有人提出为了能够按时完成任务，可以将混合动力系统直接加载到现有的车型上。但内山田先生以“这样做妥协得太多”为理由拒绝了。正因为内山田先生对创新的坚持，才有今天的普锐斯。

使命感是工作的重要动力

普锐斯在开发过程中遇到的难题不止创新这一个，与时间赛跑也是个难题。

1995年6月正式立项的普锐斯最初计划的投产时间是1998年12月。但1995年任职总经理的奥田硕先生却认为“这个时间太晚了”，一口气将计划投产时间提前了一年。他这样解释道：

“提前投产具有非常重要的意义。这辆车不只肩负着丰田公司的未来，更可能影响到整个汽车产业的未来。”

奥田先生的意思是，提前投产普锐斯不只是为了丰田自己。因为21世纪是“环境的世纪”，所以推出环保汽车更是为了汽车行业和地球的未来。

强大的使命感和远大的理想都是工作的重要动力。即便在紧迫的时间压力下也决不妥协的内山田先生，正是通过将使命感和理想结合起来，才完成了将投产时间提前一年这个看似不可能完成的任务。

就这样，第一辆混合动力汽车——普锐斯诞生了，并且在全世界范围内引起了革命性的进步。丰田获得了“生产环保汽车的公司”这一称号，品牌效应得到了极大的提升。

取得成果的工作术！

任何工作都有期限，而且一般情况下都必须在期限之内完成任务。但是，如果以工期短为理由降低目标或者选择妥协，那就无法提供卓越的产品和服务，最终失去竞争力。

普锐斯成功的秘密

关乎普锐斯成败的决定

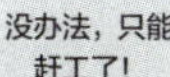

不，让我们再思考
一下项目的根本目的。

普锐斯诞生于颠覆传统的工作方法

奥田硕先生将投产期提前的原因

提前投产不只是为了丰田，
更是为了汽车行业和
地球的未来。

丰田的独到之处

工作要同时保证“期限”和“品质”

33

创新能够培养理想，在陷入危机之前培养出理想

延续过去的做法难以实现创新

20世纪90年代前期，丰田就产生了“如此下去，丰田能够在21世纪生存下去吗”的危机感。

当时丰田因为受泡沫经济崩溃的影响，业绩有所下降，市场占有率也出现了下滑的趋势。尽管经营还没到难以为继的程度，但丰田上下都充满了“不能延续过去的做法，必须进行创新”的氛围。

时任技术部门总负责人兼副总经理的金原淑郎先生对开发部门的干部们提出了这样的要求：“过去的开发方法在新世纪行不通了。请大家仔细地思考下一个时代的汽车应该是什么样的。”

于是以生产出面向21世纪的节能汽车为目标的“G21项目”应运而生。1993年，以内山田竹志先生为首的专家们组成了项目组，花了大约一年的时间制作出了比同级别汽车燃油效率提高50%的小型汽车

策划方案。这是以应对21世纪环境问题为目标的计划。

但金原先生却不为所动，这样说道：“丰田面向21世纪推出的汽车，如果只比同级别汽车的燃油效率提高50%的话，未免太没有追求了吧。”

事实上，将燃油效率提高50%就已经是很难实现的目标了。但同样的，只提高50%也确实很没有追求。**只有去追求激动人心的远大理想，才能激发出人的智慧，从而摆脱过去的束缚，实现创新。**

正是在这样的刺激之下，丰田才将正在研究中的混合动力系统与提高燃油效率的方案结合起来，开始进行普锐斯的开发。

创新不能只局限于一部分，而要遍及整体

在一次讨论究竟应该生产什么汽车的会议上，内山田先生对团队成员这样问道：“你们心目中最能够代表20世纪的汽车是哪一个？”

大家各抒己见，一开始提到的是高级运动型汽车保时捷以及大批量生产汽车的始祖——福特T型车等。但最后还是回到了罗孚（Rover）的迷你（MINI）和大众的甲壳虫等大众汽车上面。

经过反复的讨论，大家终于统一了意见。

“那么，我们就以生产21世纪的迷你和甲壳虫汽车为目标吧。”

普锐斯发售时的广告语是“面向21世纪”，可见这是一辆与“环境的时代”完全相称的汽车。

普锐斯的创新之处不仅仅在于搭载了混合动力系统，实际上整个普锐斯都是以应对21世纪的需求为目标的创新汽车。

危机感是追逐理想的原动力，可以帮助我们跨越许多困难，取得巨大的成果。

取得成果的工作术！

要想实现创新，健全的危机意识与远大的理想缺一不可。开发需要有理想，而理想则来自危机感。改革要在陷入危机之前先下手为强。

改革要在陷入危机之前先下手为强

“G21项目”的目标

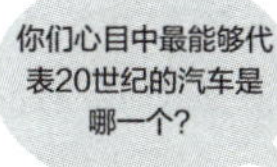

**出发点不是生产新系统的汽车，
而是生产新时代的汽车**

丰田的独到之处

正视危机，追逐理想

34

“再坚持一下”的韧劲非常重要，要从开始一直坚持到最后

一开始太过用力，可能会因为后劲不足导致失败

有时候“再坚持一下”的韧劲往往是决定胜败的关键。比如足球比赛中有可能再坚持一下就能够进球；接力赛跑的话，只要每个人都能再多坚持一秒就有可能取得更好的名次。以企业为例，如果创业者“再坚持多思考五分钟”就能够提高判断的精度，从而影响到企业的业绩。

第三代卡罗拉的总设计师佐佐木紫郎先生就非常重视“开始的一步”和“最后的一笔”。

所谓“开始的一步”，就是在工作最开始的时候要仔细地解决出现的问题，从而减轻后期的负担。也就是在最初的阶段就“再坚持一下”。而“最后的一笔”则是指在工作的最后也绝对不能放松，在最后完工的阶段也要“再坚持一下”。

在汽车开发的过程中，如果一开始干劲十足，就很容易产生“尽快完成设计开始生产”的想法，但这样在接下来的环节中就会频繁地出现问题。结果导致开发周期延长，无法稳定地进行生产，工作一直拖延到最后也难以完成。虽然开始的时候进展迅速，但因为没有解决潜在的问题，所以反而浪费了更多的时间，正所谓“欲速则不达”。

为了防止出现这种情况，走好开始的一步尤为关键。

丰田生产方式自丰田佐吉先生以来就一直有“沉稳踏实”的传统。

虽然丰田生产方式非常注重大胆尝试的挑战精神，但这与“贸然出手”有很大的区别。消除急躁的心理（沉稳），认认真真（踏实）地进行准备，然后再开始行动。只有这样，才能够保证工作在开始之后进行得顺畅，提高生产效率、缩短工期。

丰田生产方式的传统就是从一开始就“再坚持一下”。

对于自己无法接受的地方，无论其他部门怎么恳求也必须修改

除了在初期阶段要有充足的准备之外，“最后的一笔”也不能忽视。

有些问题可能在设计阶段产生，进入生产准备阶段之后才被发现。或许有人会因为“事到如今再进行更改会给很多人增添麻烦”而选择妥协，但这样做会给生产造成隐患，带来意想不到的损失。

佐佐木先生认为，身为总设计师，如果想生产出真正完美的汽车，就必须拥有即便生产部门跪下来恳求不要对设计进行更改，也要坚持修改的勇气。因为一旦决定了设计的内容，那么未来四年间都会按照这个设计来进行生产。所以，身为总设计师绝对不能让问题持续那么长的时间。

佐佐木先生这样说道："为了生产出优秀的汽车，直到最后一刻也不能放松。"

实际上，不管做任何工作，都应该认认真真地进行前期准备，决不妥协地坚持到最后一刻。

取得成果的工作术！

丰田生产方式的做法是"做决定之前深思熟虑，做决定之后高效执行"。也就是在事前分析和风险管理上花费很多时间，而一旦开始行动之后则采用灵活多变的应对措施。发现有问题就立刻进行更改，不惜"朝令夕改"，甚至"朝令午改"。

挑战精神与“贸然出手”有很大的区别

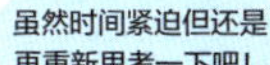

虽然时间紧迫但还是
再重新思考一下吧！

担心的部分也没有问题，

放心地去做吧！
好，接下来就

在最后完工的阶段也要“再坚持一下”才能取得更大的成果

总之先开始干吧，
遇到问题再想办法！

出问题了，
真难办……

必须从头开始
再来一遍！

存在隐患的话反而要花费更多的时间和金钱

丰田的独到之处

做决定之前深思熟虑，做决定之后高效执行

35

不要依赖人数，人少反而更容易取得成果

失败也没关系，改变才是最重要的

在丰田生产方式之中有一个词叫作“少人化”，这与单纯地削减人工的“省人化”不同。只有用更少的人数取得与之前相同甚至更优秀的成果，这才能够称之为“少人化”。“少人化”是通过消除无用功和不断的改善实现的，绝不是单纯的增加单人劳动强度。

奥田硕先生担任总经理时最常说的一句话就是“失败也没关系，要敢于改变”。不管企业多么繁荣兴盛，如果总是一成不变的话，就会走向衰亡。奥田先生不但要求员工们大胆求变，他本人也身先士卒地引发了许多变化。

当时奥田先生对丰田在国内市场的占有率出现下滑感到非常担心。造成这一现象的原因是年轻人不愿意购买丰田的汽车。丰田汽车被看作是“大叔才开的汽车”，年轻人更倾向于选择本田汽车。

以前在日本有句话叫“早晚都要开皇冠”，意思是就算年轻时候开的是本田，等上了年纪之后还是会选择丰田汽车。但这种趋势也在逐渐消失。为了夺回市场份额，丰田必须生产出能够吸引年轻人的汽车。

1997年，奥田先生对各个部门的负责人下达了这样一条命令——“找出年轻人的需求”。于是专门开发面向年轻人的汽车的新部门——“Virtual Venture Company（VVC）”诞生了。

需要一百五十人的工作，其实只要二十人就足够了

VVC的办公室并不在爱知县丰田市，而是在年轻人聚集的东京世田谷区的三轩茶屋，最初的四十名员工平均年龄只有三十五岁。VVC最初的目标是以在年轻人中很有人气的威驰为基础进行开发和销售。

奥田先生这样要求道：“我知道要开发一款新车需要一百五十人左右，但我想尽量将这个数字控制在二十到三十人。”

尽管这是一个看似无理的要求，但奥田先生这样说也是有原因的。

企业的规模越人，人员和资金就越丰富，但理想与挑战精神却会变得薄弱。组织很容易官僚化，难以生产出激动人心的产品。缺乏人员和资金的初创企业往往能够实现巨大的创新，就是因为这些企业具有大企业没有的理想与自由。

奥田先生正是想通过“少人化”的方式在大企业中组建一个创业团队，引发变化。

人在困境中往往能够激发出巨大的潜能。最终，VVC团队在只有普通团队一半人员的条件下成功地开发出了“WiLL”系列。正是因为VVC团队的成功，丰田上上下下都开始重视起“少人数开发”“提高开发效率”的课题。

取得成果的工作术！

领导的职责之一就是给现场制造困难，促使他们发挥智慧。可以试着增加“能不能用更少的人数来做”“能不能在更短的时间内做完”之类的限制条件。尽管这些只是很小的挑战，但实现巨大飞跃的提示或许就隐藏在其中。

大胆地用更少的人数来进行尝试

奥田硕先生引发的变化

失败也没关系，
要敢于改变！

为了防止年轻顾客群体的流
失，我们成立一个完全由
年轻人组成的团队吧！

哎？

企业要想生存下去，大胆的改变尤为重要

我知道要开发一款新车需要
一百五十人左右，但三十个
人可以吗？

只有在人员和资金都不足的
时候才能够引发巨大的
创新！

在大企业中激发出挑战精神

丰田的独到之处

要想引发巨大的变革，就必须敢于给现场制造困难

36

坚持到底、不轻言放弃

坚持进行提案，只要得到认可就要抓住机会

丰田前总裁渡边捷昭先生年轻时在宣传科工作，他向上司提案说，打算将一直以来没有公开的东富士研究所向媒体进行公开。但他的上司却以“没有这种先例”为由拒绝了。于是渡边先生直接找到负责技术的上层领导进行谈判。

“大家都说‘技术日产，销售丰田’，难道你们对此不感到遗憾吗？”

一般情况下，上层领导肯定会批评他“不要说这些自以为是的话”，他的上司也会很生气“竟然未经我的允许就越权谈判”。但渡边先生却并没有受到这样的打压，他坚持进行的提案终于获得了认可。最终，丰田将东富士研究所向媒体进行了公开。

丰田这家企业的优点之一就是鼓励挑战。

要想实现改善就必须进行改变，而改变当然有成功也会有失败。如果因为害怕失败而不敢进行改变，那么就无法实现改善。所以，丰田非常重视培养员工敢于进行挑战的勇气。

关键在于“提案”的质量一定要高。如果是经过仔细的策划和讨论的提案，得到上司认可的概率就很高。而且就算最终失败了也不会被追究责任。反之，丰田对那些因为害怕失败而不敢进行挑战的人就没那么宽容了。

在很多企业之中，被否决过一次的提案再想第二次甚至第三次提出就相当困难了。但丰田却不是这样，第一次被否决的提案，在第二次被提出的时候就会有些眉目，在第三次被提出时获得认可的情况可谓是比比皆是。丰田对于被屡次提出的提案是这样的态度：“既然被提出了这么多次，说明是一件相当重要的事情吧。既然如此，就让我们来讨论一下吧。”

不管成功还是失败，都要自己承担责任

有想做的事情就大胆去做，只要你的态度足够认真就能够获得认可。但与此同时，不管结果是成功还是失败，你都要自己承担责任。

2003年，丰田宣布将实体店与网店整合，重新开拓销售渠道，创建雷克萨斯的专用销售渠道。这对“销售丰田”来说是巨大的转变。

沿用前人的做法当然十分轻松。而对前人的做法进行大幅度的改

变，甚至从零开始尝试崭新的方法，这就相当困难。重新开拓销售渠道，对于所有与国内销售相关的丰田员工来说，都是从没有经历过的“未知项目”。

丰田的某位高层领导对负责这一项目的员工这样说道：“用自己的头脑思考，用自己的方法行动。”

取得成果的工作术！

上司否决部下的提案，其实是在考验部下的认真程度，让部下更加仔细地进行思考。所以就算提案遭到否决也绝对不能气馁，更不能抱怨。只有坚持思考、不断挑战，才能打开成功的大门。

“坚持不懈”是优点

丰田的企业文化就是鼓励挑战

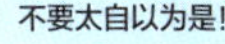

丰田对因为害怕失败而不敢进行挑战的人十分严格

“用自己的头脑思考，用自己的方法行动”，工作会变得十分有趣

丰田的独到之处

对于自己想做的事情认真思考、大胆挑战

37

一帆风顺时是改革的最佳时机，不顺利的时候很难进行重大的改革

改革不是“多余的事”

应该在什么时候进行改革？绝大多数的企业在一帆风顺的时候都会尽可能地去避免进行改革。因为他们认为“好不容易卖得这么好，要是因为做了多余的事影响销量就糟了”“既然现在能够盈利，那就保持这个状态最好”，所以总是迟迟不愿进行改革。

这样做的结果就是在有能力进行改革的时候，却没有对应该改革的地方进行改革。等到企业陷入困境想要进行改革的时候，又往往因为力不从心而难以进行有效的改革，最终改革草草收场，无法使企业摆脱困境。

丰田生产方式的做法刚好相反。丰田认为“改革应该在一帆风顺的时候进行”。

1990年，日本经济呈现出一片繁荣的景象。因为经济发展迅猛，

甚至有日本企业收购了被称为“美国象征”的洛克菲勒中心，展现出取美国而代之的势头。

正是在这一时期，丰田为了解决组织巨大化带来的“大企业病”而着手进行改革。通过调整技术部门的架构以及大幅削减总设计师的业务，成功地使组织上下的交流变得更加顺畅。可以说丰田是日本最早进行组织改革的企业。

当时负责进行改革的矶村严先生（后来担任丰田副董事长）经常遭到周围人的质疑：“为什么要这样做？现在不是效益很好吗？”他的回答都是：“必须现在进行改革才行。”随后他又这样解释道：

“现在我们资金和时间都很充裕，就算失败也能够重新寻找其他的办法。所以最好趁现在进行尝试。”

矶村先生在一帆风顺的时候大胆求变的选择，成为丰田日后非常重要的转折点。

迟迟不进行改革很有可能造成巨大的损失

大野耐一先生也非常明确地指出，改革与改善应该在企业效益好的时候进行。

当企业陷入困境时才进行改革，所能够采取的措施就会变得非常有限，甚至往往伴随着损失。而且由于失败之后便再也没有退路，这种紧张感容易使人缩手缩脚不敢采取行动。问题如果拖延太久，解决起来就要花费更多的时间和精力。如果刚好赶上经济环境不景气，那么迟来的改革很有可能造成巨大的损失。

在对汽车进行升级换代时也是如此。担任过两代卡罗拉总设计师的扬妻文夫先生也曾经说过：“在经济发展停滞的时代，就算进行车体升级换代，也不会有多大效果。”扬妻先生认为，等销量出现下滑才想到“必须采取一些办法”而急急忙忙地进行车体改造则“为时已晚”。

取得成果的工作术!

在一帆风顺的时候选择改变需要极大的勇气。但在一帆风顺、经济景气的时候进行改革能够取得最好的效果，这也是绝对不应忘记的准则。失败时谁都会进行反省，而丰田生产方式的特别之处就在于成功时也会进行反省。

要拥有在一帆风顺时进行改变的勇气

在一帆风顺时进行改善

为什么在盈利的时候
要进行改变呢?

因为现在还有改变的余力，
就算失败也可以重新寻找
其他办法。

在一帆风顺的时候进行改革能够取得最好的效果

不景气的时候

景气的时候

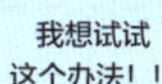

不敢孤注
一掷……
能够采取的对策
太有限了!

就算失败也能挽回，
大胆地挑战吧!

我想试试
这个办法!!

在景气的时候更能够激发出挑战精神和创新精神

丰田的独到之处

不要被“要是因为做了多余的事影响销量就糟了”的思想束缚

38

不要一开始就过分明确目的，用尽量多的尝试拓展可能性

不要把无用功清理得太干净，适当保留一些无用功

一提起丰田生产方式，很多人首先想到的都是“清除无用功”。或许是因为这个原因，丰田生产方式给人一种不管是什么样的无用功都要彻底清除的感觉。但实际上并非如此。

丰田生产方式对无用功有非常清楚的分类。比如在生产现场，动作分为“作业”和与“作业”无关、只会增加成本的“无用功”，首先应该消除的就是这种无用功。而“作业”又分为包括拿取零件和打开包装之类与附加价值没有直接关系的“附加作业”，以及直接产生附加价值的“正式作业”，在这种情况下就只能对“附加作业”进行改善而不能消除。

非生产部门的工作可以分为与服务顾客直接相关的工作以及与服务顾客没有关系的工作，后者就属于需要改善但不能消除的无用功。

由此可见，虽然丰田生产方式对于不能提高附加价值和与服务顾客没有直接关系的无用功管理得十分严格，但在某些情况下却仍然允许这样的无用功存在。

张富士夫先生也曾经说过：“在明确哪些属于无用功的基础上，有时候‘多动手、多尝试’的无用功是可以接受的。”

在允许的范围内多尝试无用功能够增加未来的可能性

在环保汽车的开发方面，丰田的混合动力系统是起步最早的。

但丰田并没有将资源全都押在混合动力系统上，而是同时进行着电动汽车和燃料电池汽车的开发。

在环保汽车这种未来不甚明朗的领域，很多企业都会选择其中一个方向集中力量进行开发，因为这样做可以将有限的经营资源最有效地利用起来。

但丰田生产方式却认为：与其孤注一掷，不如多加尝试。就算在尝试的过程中可能会做出无用功或者遭遇失败，但是可以使自身的技术水平得到提高，并且引发创新。

无用功也分为“必须被清除的无用功”和“可以尝试的无用功”。消除无用功但不一概而论才是丰田生产方式的做法。

2014年12月，丰田率先开始燃料电池汽车MIRAI的销售。在电动汽车领域也与行业领跑者——美国特斯拉汽车展开了合作。

今后，市场对环保汽车的需求会更上一层台阶。然而不管哪一种技术成为主流，或者多项技术并驾齐驱，丰田都因为在允许的范围内对无用功多加尝试而拥有从容应对的能力。

取得成果的工作术！

当手里掌握着技术，但是不知道应该朝哪个方向发展的时候，最好不要孤注一掷，而应该不吝啬资金和人力在多个方向上同时前进。或许会有人质疑："为什么要把钱花在这种地方？"但丰田生产方式却非常鼓励这种大胆的尝试。

“多动手、多尝试”能提高技术水平

丰田如何“消除无用功”

只提高成本的就是
无用功!

不能服务顾客的工作
就是无用功!

在明确哪些属于无用功的基础上,
有时候“多动手、多尝试”的
无用功是可以接受的。

张富士夫先生

消除无用功，但不一概而论，才是丰田生产方式

因为是新领域，所以
完全想不出方针……

但资源是有限的，还是
尽早做决定吧!

实在想不出来，不如先
多多尝试一下吧!

好的!

无用功和失败有时候也会引发创新

丰田的独到之处

尝试新挑战的时候不要吝啬资金和人力，即便是无用功也要做完

39

不要只顾自己的本职工作，要同时拥有集中力和大局观

提高自身的工作效率，不要浪费他人的时间

人在年轻的时候往往会因为过于集中于一项工作，而忽视了周围的情况。虽然集中力很重要，但只有集中力而忽视周围情况的话，难以取得理想的成果。

第九代卡罗拉的总设计师吉田健先生，在后来担任第一代雷克萨斯总设计师的铃木一郎先生手下工作时，就在工作效率这方面被后者好好地上了一课。

铃木先生的思维非常敏捷，思考的速度也很快，同时他在工作上的要求也十分严格。如果别人向他汇报工作时啰里啰唆，他会立刻批评道："你打算把两分钟就能说明白的事讲上三十分钟吗？"如果部下没有及时地把资料准备齐全，他立刻就会生气地说："赶紧准备好，不要浪费我的时间。"铃木先生就是这样通过日常的工作来训练部下如何

高效地完成工作。

但是每天都承受着高强度的工作压力，不管是心胸多么宽广的人也难免会感到有些不堪重负。据说，吉田先生当时甚至一想到要上班就紧张到胃疼，严重时都到了不能去上班的程度。

不过，当吉田先生从铃木先生那里“出师”之后，他经常说自己从铃木先生的身上学到了很多东西。

专业人士不仅要做好本职工作，同时还要拥有广阔的视野

后来吉田先生成为第六代卡罗拉总设计师斋藤明彦先生的助手，斋藤先生经常这样教育他道：

“你要让自己的内心留有余地。”

设计是一项非常需要集中力的工作。需要对每一项内容都进行非常深入的思考。但是，身为总设计师助手，更需要拥有的是把握全局的能力。在与销售和顾客保持联系的同时，还要思考汽车制造的整个过程。只有在内心留有余地的情况下，才能够把握全局，掌控工作的进度。

吉田先生通过铃木先生掌握了提高工作效率的方法，又在斋藤先生的身上了解到把握全局的重要性。

2003年，吉田先生被任命为雷克萨斯中心的负责人，但他心中的目标并不是如何追赶西方的潮流，而是将日本的特色展现出来。他对

团队成员提出的要求是“重新了解日本”。

“只擅长生产汽车是不行的。”

这是深受斋藤先生影响的铃木先生所说的话。

尽管雷克萨斯的开发成员中有不少都是担任过总设计师的人，但仅凭这一点并不能够保证生产出富有美感的高级汽车，更难以提供让购买雷克萨斯的有着不同要求的个性化的顾客感到满意的优质服务。

铃木先生带领团队成员们前往伊势神宫、京都和奈良等地走访，学习日本的传统文化，还参观了不少美术馆。要想生产出好的汽车，首先当然要具备生产汽车的专业知识。但在此基础之上，一定还要有更加广阔的视野，这样才能够生产出真正优秀的汽车。

取得成果的工作术！

要想取得成果，首先必须拥有工作技巧和热情，但与他人交流的方法，以及乍看起来似乎属于无用功的广阔视野，也是必不可少的。这些都来自自身的阅历，可以帮助我们提高工作的品质，取得前所未有的成果。

工作必不可少的两个能力

铃木一郎先生的教诲

用两分钟把事情说清楚！
立刻把资料准备好！

斋藤明彦先生的教诲

要让内心留有余地，
把握全局。

要有工作效率

把握全局的能力

两人的教诲在雷克萨斯开发中的应用

要想生产出优秀的汽车必须拥有广阔的视野

丰田的独到之处

与他人交流的方法以及广阔的视野可以帮助我们取得前所未有的成果

40

与其思考做不到的理由，不如思考做得到的方法

与聪明的头脑相比，工作中更需要的是执行力

能够取得成果的人和不能取得成果的人之间究竟有哪些不同呢？

丰田的创始人丰田喜一郎先生认为日本的技术人员具有非常丰富的知识。但同时他也指出，很多日本的技术人员都是“办公桌上的技术人员”。也就是说，他们虽然拥有丰富的知识，但到了真正执行的阶段却失去了自信，害怕遭到周围人的批评和指责，缺乏执行力。

他说：“这样的技术人员无法生产汽车。要想完成这项事业，需要的是有执行力、有勇气的行动型技术人才。”

丰田生产方式并不是否定知识。丰富的知识自然必不可少，但要想让知识发挥出作用，就必须“亲临现场、亲自行动”。这才是丰田生产方式理想中的技术人员。

在丰田集团旗下的大发汽车公司材料开发室担任负责人的田中裕

久先生就是这样一位技术人员。他在2002年成功地开发出了贵金属可自我再生的汽车用催化剂，实现了汽车环保技术的创新。他的经历可以说非常有代表性。

他在大学毕业之后首先进入了一家生产企业就职，但他不甘心“就这样做一辈子工薪族”，于是选择了辞职，用了大约一年的时间周游世界，甚至还在犍陀罗遗迹雕刻过佛像。

游学归来之后，他进入大发汽车公司，但他的目标并不是升职成为管理人员。在海外的经历使他意识到“自己身为技术人员具有宝贵的价值，应该将这些价值发挥出来造福他人”。于是他立志要生产出对人类有贡献的产品。

不要将智慧用在思考做不到的理由上

在十分严苛的环保政策《马斯基法案》刚推出的时候，全世界都非常热衷于催化剂的开发。但在田中先生进入大发的时候，关于新型催化剂的研究几乎处于停滞状态。

田中先生是在进行陶瓷结晶研究时发现这种新型催化剂的，然后他又花了8年的时间终于成功将其商业化。他的这项发明具有非常大的价值，就连著名的科学杂志《自然》（*Nature*）都刊登了他的论文。

尽管田中先生因为其经历和思考方式而被周围的同事称为“无赖

派”，但他身为技术人员的信念却是非常坚定的。

“我认为技术人员分为两种类型。一种是将知识都用来进行创造和挑战的类型；另一种则是将丰富的知识用来思考做不到的理由的类型。我们需要的是前一种。”

取得成果的工作术！

做不到的理由不管说得多么冠冕堂皇，也无法解决问题，更不能取得成果。如果有思考做不到的理由的时间和能力，不如将其用在思考“怎样才能够做到”上。这就是丰田生产方式的做法。

知识是为了创造而存在

知识+执行力十分必要

只有行动型技术人员才能够取得成果

技术人员的两种类型

做不到的理由不管说得多么冠冕堂皇，也无法解决问题

丰田的独到之处

只有知识是不够的，还需要执行力

后记与参考文献

本书中引用的大野耐一先生所说的话，都出自笔者在丰田工作时期所做的笔记，以及在卡尔曼股份有限公司任职的前丰田员工在丰田工作时的见闻。为了使内容更加准确，笔者还参考了大野先生的著作《丰田生产方式》（钻石社）、《大野耐一的现场经营》（日本能率协会管理中心），以及杂志《工厂管理》1990年8月号（日刊工业新闻社）等。

本书除了通过报纸和杂志的经济文章获取灵感与信息之外，还在下列书籍中得到了宝贵的经验，特此表示感谢。

《决断——我的履历书》（丰田英二 著　日经经济人文库）

《自己的城堡自己来守护》（石田退三 著　讲谈社）

《丰田系统的原点》（下川浩一 藤本隆宏 编著　文真堂）

《开创丰田生产方式的人——大野耐一的战斗》（野口恒 著

TBS- BRITANNICA）

《丰田经营系统的研究》（日野三十四 著　钻石社）

《丰田的方式》（片山修 著　小学馆文库）

《谁都不知道的丰田》（片山修 著　幻冬舍）

《丰田如何制造出“最强的车”》（片山修 著　小学馆文库）

《The House of TOYOTA》（佐藤正明 著　文艺春秋）

《丰田英二语录》（丰田英二研究会 编　小学馆文库）

《奥田主义改变丰田》（日本经济新闻社 编　日经商业人文库）

《人间发现——我的经营哲学》（日本经济新闻社 编　日经商业人文库）

《我的履历——书经济人15》（日本经济新闻社 编　日本经济新闻社出版局）

《丰田生产方式工作的教科书》（President编辑部 编　President社）

《时刻走在时代的前列——丰田经营语录》（PHP研究所 编　PHP研究所）

《丰田的世界》（中日新闻社经济部 编 中日新闻社）

《丰田之路》（Jeffrey K. Liker 著　稻垣公夫 译　日经BP社）

《丰田新现场主义经营》（朝日新闻社 著　朝日新闻出版）

本书在策划与编辑过程中，得到PHP研究所的越智秀树先生、宇田富贵先生，以及RS出版的吉田宏先生、桑原晃弥先生的大力支持与协助，在此向诸位表示衷心的感谢。另外，本书在执笔过程中，还收到了丰田以及丰田集团的诸位朋友、在卡尔曼股份有限公司成立初期便一直支持着我的诸多经营者以及生产现场第一线员工们的许多宝贵意见和建议，在此也向以上诸位深表谢意。